Fränkische Schweiz

**Anette Köhler**

# Fränkische Schweiz

## mit Nördlichster Frankenalb und Hersbrucker Schweiz

50 ausgewählte Wanderungen
zwischen Bamberg, Erlangen, Nürnberg und Bayreuth

Mit 72 Farbfotos, 50 topographischen Wanderkärtchen
im Maßstab 1: 100 000 sowie
einer Übersichtskarte im Maßstab 1: 500 000

**BERGVERLAG RUDOLF ROTHER GMBH • MÜNCHEN**

Umschlagbild:
Der ehemalige Judenhof des »Felsendorfs« Tüchersfeld im Püttlachtal.
Bild gegenüber dem Titel (Seite 2):
Blick vom Gipfel der Mittelbergwand hinab ins Hirschbachtal.

Fotos Seite 17, 37, 42, 67, 89, 92, 109 u. 113 von Norbert Memmel.
Alle übrigen Fotos von Anette Köhler.

Kartographie:
Kartengrundlage Topographische Karte 1: 100 000, Blatt Nr. C 6734, C 6330, C 6334, C 5930. Vervielfältigung mit Genehmigung des Bayerischen Landesvermessungsamtes München, Nr. 6711/96.
Kartengrundlage Übersichtskarte 1: 500 000 und Bundesrepublik Deutschland 1: 1 000 000. Mit Genehmigung des Instituts für angewandte Geodäsie, Frankfurt am Main, Nr. 26/95 vom 30.06.1995.

Die Ausarbeitung aller in diesem Führer beschriebenen Wanderungen erfolgte nach bestem Wissen und Gewissen der Autorin.
Die Benützung dieses Führers geschieht auf eigenes Risiko.
Soweit gesetzlich zulässig, wird eine Haftung für etwaige Unfälle und Schäden jeder Art aus keinem Rechtsgrund übernommen.

2. Auflage 1997
© Bergverlag Rudolf Rother GmbH, München

ISBN 3-7633-4281-8

Druck und Bindung: Rother Druck GmbH, München (71090)

## ROTHER WANDERFÜHRER – lieferbare Titel

Achensee • Allgäu 1, 2, 3 • Aostatal • Appenzell • Außerfern • Bayerischer Wald • Berchtesgaden • Berner Oberland Ost, West • Bodensee • Böhmerwald • Bregenzerwald • Chiemgau • Comer See • Dachstein • Davos • Dolomiten • Dolomiten 1, 3, 4, 5 • Eifel • Elbsandstein • Ober-, Unterengadin • Gardaseeberge • Gastein • Harz • Hochkönig • Hochschwab • Innsbruck • Isarwinkel • Kaiser • Kärnten • Karwendel • Korsika • Kreta Ost, West • Meran • Montafon • Mont Blanc • Ossola-Täler • Osttirol • Ötztal • La Palma • Pinzgau • Pitztal • Rhön • Riesengebirge • Salzkammergut • Sardinien • Sauerland • Schwäbische Alb Ost, West • Schwarzwald Nord, Süd • Seefeld • Stubai • Tannheimer Tal • Hohe Tatra • Tauern-Höhenweg • Tegernsee • Teneriffa • Tessin • Teutoburger Wald • Thüringer Wald • Vierwaldstätter See • Vinschgau • Vogesen • Vorarlberg • Ober-, Unterwallis • Walsertal • Weserbergland • Wien • Wiener Hausberge • Wildschönau • Zillertal • Zugspitze

BERGVERLAG ROTHER • München
D-85521 Ottobrunn • Haidgraben 3 • Tel. (089) 608669-10

# Vorwort

Die Fränkische Schweiz, jenes kleine, kurzweilige und sehr fränkische Mittelgebirge zwischen Bamberg, Erlangen, Nürnberg und Bayreuth, ist eine Landschaft, wie aus einem alten Bilderbuch entnommen: enge Wiesentäler mit munter dahinmäandrierenden Bächen und Flüßen, alte, nur manchmal noch klappernde Mühlen am Ufer, eingerahmt von bewaldeten Hängen, aus denen hell schimmernd hohe Felsen ragen, gekrönt – wie oft! – von Burgen und Ruinen; kleine Fachwerkdörfchen, die Häuser darin eng aneinandergeschmiegt, sich hier und da unter mächtigen Felsdächern hinkauernd; die stillen Wiesengründe und verwunschenen Felsengebilde, die geheimnisvolle Unterwelt der Tropfsteinhöhlen und, nicht zu vergessen, die weite Ruhe der oft kargen Höhen. Ein wenig verschlafen das alles, mit der Patina der Nostalgie überzogen, liebenswert provinziell und sehr romantisch!

Zugegeben, ich bin befangen, da seit Jahren schon verliebt. Könnte kein Frühjahr genießen, in dem ich nicht, einmal wenigstens, dort zur Zeit der Kirschblüte unterwegs sein kann, und möchte vor allem die warmen Felsen nicht missen, gerade im Herbst, wenn die Buchen Gold versprühen. Es ist, ich weiß nicht was, ein Wohlfühlen dort, ein Ruhen. – Natürlich, der Blick vom fernen Schreibtisch aus filtriert und rückt gerade, vergißt so manches störende Detail. Trotzdem – Sie werden selber sehen, man kann dort leicht sein Herz verlieren.

Wie gut, daß Sie zum Wandern kommen! Es gibt keine freundlichere Art und Weise, eine Landschaft zu entdecken, als sie zu erwandern. In der Fränkischen und Hersbrucker Schweiz hat dies nichts mit sportlichen Höchstleistungen oder asketischen Entbehrungen zu tun. Es ist beschaulich und entspannend dort (was nicht heißt, daß es nicht auch anstrengend werden kann!) und so kurzweilig wie die Landschaft selbst. Das Wegenetz ist dicht und gut markiert. Und es gehört sicher nicht zu den schlechtesten Seiten, daß der Wanderer hier, zwischen all den Felsen, Tälern, Höhlen, Burgen und Ruinen, nie lange darben muß. Das nächste Dorfgasthaus, vielleicht sogar mit eigener Brauerei, ist sicher bald in Sicht. Eine kräftige Brotzeit nach einer langen Wanderung, ein süffiges fränkisches Landbier dazu, auch das gehört hier mit zum Genuß.

Die vorgestellten Wege und Pfade, alle »handverlesen« und im letzten Jahr begangen, bieten fünfzigerlei Möglichkeiten, die vielen Gesichter der Fränkischen Schweiz zu allen Jahreszeiten zu entdecken. Sie werden darunter schnell selbst Ihre liebsten Ecken und Winkel finden.

Eine Bitte noch, bevor Sie selbst die Wanderschuhe schnüren: Gehen Sie behutsam um in dieser so sympathisch unschweizerischen »Fränkischen« und lassen Sie sie uns gemeinsam vor Zerstörung schützen!

Garching, im Sommer 1997                                    Anette Köhler

# Inhaltsverzeichnis

Seite

**Vorwort** ................................................................. 5

**Wandern in der Fränkischen Schweiz** ............................... 8
**Kleines Landschaftsbrevier** ........................................ 16

**Nördlichste Frankenalb**
 1 Vierzehnheiligen und Staffelberg, 539 m ....................... 26
 2 Zum Großen Kordigast, 536 m .................................. 28
 3 Görauer Anger, 553 m, und Krassachtal ......................... 30
 4 Kleinziegenfelder Tal ........................................... 32
 5 Von Burglesau ins Kleinziegenfelder Tal ....................... 34
 6 Giechburg und Felsenkapelle Gügel ............................. 36
 7 Paradiestal ..................................................... 38

**Fränkische Schweiz**
 8 Freienfels, Wiesentfels und Krögelstein ....................... 40
 9 Kainachtal und Sanspareil ..................................... 42
 10 Neubürg, 587 m ................................................. 44
 11 Über die Weiße Marter zur Burg Rabeneck ....................... 46
 12 Unteres Aufseßtal .............................................. 48
 13 Rund um das Obere Aufseßtal ................................... 50
 14 Riesenburg, Quackenschloß und Oswaldhöhle .................... 52
 15 Von Gößweinstein zur Esperhöhle ............................... 54
 16 Burg Rabenstein und Sophienhöhle ............................. 56
 17 Hohenmirsberger Platte, 614 m ................................. 60
 18 Durchs Obere Püttlachtal zur Ruine Hollenberg ................ 62
 19 Durchs Klumpertal nach Bronn .................................. 64
 20 Rosenmüllerhöhle und Schwingbogen ............................ 66
 21 Auf dem Heinrich-Uhl-Weg von Gasseldorf nach Behringersmühle .. 68
 22 Leidingshofer Tal und Werntal ................................. 72
 23 Das Trockental oberhalb der Heroldsmühle ..................... 74
 24 Druidenhain und Ruine Neideck ................................ 76
 25 Vexierkapelle Reifenberg und Retterner Kanzel ................ 78
 26 Walberla-Umrahmung ............................................ 80
 27 Der Trubachtalweg .............................................. 82
 28 Wichsenstein, 588 m, und Wolfsschlucht ....................... 86
 29 Burgstein und St. Moritz ...................................... 88
 30 Großenoher Tal und Signalstein, 582 m ........................ 90
 31 Burgruinen Leienfels und Bärnfels ............................. 94
 32 Teufelstisch und Kasberger Linde ............................. 96

33 Lillachtal und Großenoher Tal .................................. 98
34 Eibengrat ................................................... 100
35 Burgruinen Wildenfels und Strahlenfels ....................... 104

**Hersbrucker Schweiz**
36 Burg Veldenstein und Geißlochhöhle .......................... 108
37 Maximilians- und Vogelherdgrotte ............................. 110
38 Felsenlabyrinth Sackdilling .................................. 112
39 Durchs Ankatal ins Pegnitztal ................................ 114
40 Die Petershöhle bei Hartenstein .............................. 116
41 Durchs Treufer Tal nach Hohenstein, 628 m .................... 118
42 Von Eschenbach über den Altenberg ............................ 120
43 Ruine Rothenberg und Glatzenstein, 572 m ..................... 122
44 Steinberg, 606 m, Zantberg, 650 m, und Ossinger, 650 m ....... 124
45 Noris- und Höhenglücksteig ................................... 126
46 Zur Schlangenfichte im Reichental ............................ 128
47 Neutrasfelsen und Zankelstein ................................ 130
48 Osterhöhle und Lenzenberg .................................... 132
49 Rund um die Houbirg ......................................... 134
50 Clara- und Kirchthalmühle .................................... 136

**Stichwortverzeichnis** ........................................ 138

# Wandern in der Fränkischen Schweiz

## Zum Gebrauch des Führers

Die vorgestellten Wanderungen sind – bis auf drei Ausnahmen – alle als Rundwanderungen konzipiert, um bei möglichst geringem Fahraufwand in größtmöglichen Wandergenuß zu kommen. Jeder beschriebenen Wanderung ist ein kleiner Tourensteckbrief vorangestellt, der die wichtigsten Fragen zur Tour in aller Kürze beantwortet. Unter dem Stichwort »Kurzvariante« wird dort eine zusätzliche Möglichkeit gezeigt, wie man die Sehenswürdigkeiten der vorgestellten Wanderung auf kurze und bequeme Art und Weise kennenlernen kann. Hierbei wurde besonders an ältere Menschen und an Familien mit kleinen Kindern gedacht. Bei der Wegbeschreibung werden die relevanten Wegmarkierungen mit *kursiver Schrift* hervorgehoben, das Wort Wegweiser wird generell mit Ww. abgekürzt. Richtungsangaben sind immer im Sinne der Gehrichtung zu verstehen. Die Übersichtskarten auf der Umschlagrückseite sowie auf Seite 15 informieren über die Lage der einzelnen Wanderziele. Das Stichwortverzeichnis hilft auf der Suche nach bestimmten Zielen, Orten oder Sehenswürdigkeiten.

*Keine Seltenheit – Durchgangshöhlen, hier die Hainkirche bei Hartenstein.*

*Typisch – romantisch gelegene Mühlen, hier die Herbstmühle im Krassachtal.*

**Anforderungen und Gefahren**
Fast alle Wanderungen verlaufen auf deutlich markierten Wegen und Pfaden und sind gefahrlos zu begehen. Sind Wege unmarkiert, wird darauf im Tourensteckbrief eigens hingewiesen und die Wegbeschreibung entsprechend detailliert gehalten. Werden besondere Anforderungen an Orientierungssinn oder Trittsicherheit gestellt, wird dies ebenfalls im Tourensteckbrief angemerkt.
Es wurde darauf verzichtet, die zu bewältigende Höhendifferenz im einzelnen anzugeben. Die Fränkische Schweiz ist ein sehr kleinräumig gegliedertes Mittelgebirge, da gilt Bergauf – Bergab als generelles Motto. Mit etwa 200 bis 300 Metern absoluter Höhendifferenz ist so auf jeder Wanderung zu rechnen. Wie schnell addiert sich aber im Auf und Ab eine weit stattlichere Zahl zusammen!
Eine Besonderheit des Gebiets sind die zahlreichen Höhlen, Grotten und Dolinen, an denen die beschriebenen Wege vorbeiführen. Lassen Sie hier unbedingt die Vorsicht (und eine zuverlässige Taschenlampe) ihre Neugierde leiten. Die Gangsysteme sind oft weitverzweigt und Schächte von mehr als 10 Meter Tiefe keine Seltenheit.

**Gehzeiten**
Die Zeitangaben sind Richtwerte, die sich nur auf die reine Gehzeit beziehen. Brotzeiten, Verschnaufpausen oder Besichtigungszeiten wurden nicht berücksichtigt. Bei der Besichtigung von Höhlen, Burgen oder Ruinen oder gar bei einer gemütlichen Einkehr vergeht die Zeit oft unmerklich schnell. Beachten Sie dies bitte bei ihrer persönlichen Planung.

**Karten**
Allen im Führer beschriebenen Wanderungen ist je ein farbiger Kartenausschnitt aus der topographischen Karte des Bayerischen Landesvermessungsamtes im Maßstab 1: 100 000 beigegeben, in den der Routenverlauf rot eingetragen wurde. Zum Nachvollziehen der Wanderungen reicht dies in der Regel aus. Zur weiteren Information empfehlen sich die Fritsch-Wanderkarten im Maßstab 1: 50 000 »Naturpark Fränkische Schweiz«, Blatt Nord Bayreuth – Kulmbach, Blatt Süd Veldensteiner Forst – Hersbrucker Alb sowie das Kartenblatt »Landkreis Nürnberger Land«.

**Essen und Trinken**
Zum Leib und Seele zusammenhalten finden sich auf den meisten Wanderungen mehr als genug Gelegenheiten. Zumindest eine Brotzeit, vielleicht sogar mit hausgemachter Wurst und selbstgeräuchertem Schinken, gibt es so gut wie in jedem Dorfwirtshaus. Mit etwas Glück bekommt man dazu das typisch fränkische Holzofenbrot mit seiner reschen, dunklen Kruste. Die ländliche fränkische Küche ist einfach und deftig – und zeichnet sich häufig durch wahre Holzfällerportionen aus. Daß sie darüber hinaus auch preiswert ist, ist schon (fast) kein Geheimnis mehr. Feiert ein Ort gerade »Kerwa« (Kirchweih), wartet der Dorfwirt meist mit besonderen Leckerbissen auf. Auf keinen Fall entgehen lassen sollten sie sich die typisch fränkischen Schweinsbratwürste mit Sauerkraut oder, bei größerem Appetit, ein »Schäufele« (gebrate-

*Eine gemütliche Rastmöglichkeit findet sich fast überall.*

*Leider sind viele Backofen heute nicht mehr in Betrieb.*

ne Schweineschulter) mit Kraut und Klöß'. Dazu trinkt man ein süffiges, dunkles Landbier, am besten von einer der zahlreichen Kleinbrauereien, die allen Vereinnahmungstendenzen zum Trotz eine ungeahnte Vielfalt gegen das Geschmackseinerlei der »Großen« produzieren.

**Natur- und Umweltschutz**
Die Pflanzen und Tiere verdienen unseren Respekt, und den zeigt man am besten, wenn man sie ungestört in ihrem eigenen Lebensraum beläßt. Die Felsen und Höhlen des Gebietes bilden Rückzugsgebiete für zahlreiche selten gewordene Pflanzen und Tiere und sind daher besonders anfällig. Eine (leider weit verbreitete) Unsitte ist es, die Höhlen und Grotten mit stark rußenden Fackeln zu betreten oder in den Eingangshallen offene Feuer zu schüren. Die Begehung mancher Höhlen ist im Winterhalbjahr zum Schutz von überwinternden Tieren verboten. Beachten Sie bitte diesbezügliche Hinweise im Tourensteckbrief. Besonderer Respekt gebührt den in Tausenden von Jahren gewachsenen Tropfsteinen, die überdies nur im feuchten Höhlenklima ihre Schönheit entfalten!
An dieser Stelle wollen wir aber auch nicht vergessen, daß die eigentliche Bedrohung der Natur in sinnlosen Straßenbau- oder größenwahnsinnigen Tourismusprojekten liegt. So ist z.B. geplant, mit dem Ausbau der Bundesstraße B 470 und einer Südumgehung Forchheims die Querverbindung zwischen den Autobahnen Nürnberg – Bamberg und Nürnberg – Berlin verkehrsmäßig zu »optimieren«. Mit dem Ergebnis, daß das eh schon unter dem Ausflugsverkehr leidende Untere Wiesenttal dann auch noch vom Schwer-

verkehr malträtiert werden würde. Ein ähnliches Schicksal droht dem Oberen Pegnitztal. Der geplante Ausbau der Staatsstraße 2162 würde eine der schönsten Flußlandschaften Bayerns unwiederbringlich zerstören. Für das Kleinziegenfelder Tal in der nördlichen Fränkischen Schweiz lagen ähnliche Pläne vor. Es wäre – nicht zuletzt für die Landschaft – sicher nutzbringender, würden sich Naturschützer, Wanderer, Kletterer, Radfahrer und Paddler gemeinsam gegen diesen staatlich verordneten Landschaftsfraß wehren, als sich gegenseitig den Umweltteufel zuzuschieben.

**Beste Jahreszeit**
Jede Jahreszeit hat in der Fränkischen Schweiz ihre eigenen Reize und vor allem ihre Orte, an denen sie ihre Schönheit in besonderem Maß entfalten kann. Im Frühjahr, zur Zeit der weißen Kirschblüte, gibt es sicher nichts Schöneres, als in den traditionellen Obstanbaugebieten zu wandern. Die löwenzahnübersäten Wiesen mit ihren blühenden Bäumen sind dann eine einzige Pracht. Besuchen Sie zu dieser Zeit das »Walberla«, das Trubachtal und die umliegenden Höhen bis Gräfenberg (Touren 25–33). Die buchenreichen Mischwälder der zentralen Fränkischen Schweiz haben zu jeder Zeit ihre Vorteile: Im Frühjahr läßt das zarte, junge Grün der Buchen noch Licht in die Wälder und so manche Felsszenerie entdecken, die sonst unter einem dichten Blätterdach verborgen ist. Ein Vorteil übrigens, der auch für den späten Herbst und Winter gilt, wenn das Laub schon trocken auf den Wegen raschelt. Im Hochsommer wird man den Schatten der Wälder willkommen heißen, Erfrischung an den Bächen suchen und auch gerne in die Kühle der Höhlen hinabsteigen. Die Touren rund ums Wiesenttal und seinen Seitentälern (8–24), aber auch um Betzenstein (34/35) und in der Hersbrucker Schweiz (37–44) bieten sich dann besonders an. Besonders stimmungsvoll ist aber eigentlich erst der Herbst, wenn sich die Buchen golden färben und in den Niederungen oft schon leichte Nebel wallen. Spät im Jahr wird man gerne auch die freien, aussichtsreichen Höhen suchen, z.B. in der nördlichen Fränkischen Schweiz (Touren 1–6), auf der Neubürg (Tour 11) oder der Hohenmirsberger Platte (Tour 17), um nur einige zu nennen. In kalten Wintern entfalten Durchgangshöhlen, wie die Oswaldhöhle (Tour 14 und 21) oder die Vogelherdgrotte (Tour 37/38), ihren ganz eigenen Reiz. Dann nämlich, wenn sich an den Wänden und Decken lange Eis-»Tropfsteine« bilden.

**Weitwanderungen und Wandern ohne Gepäck**
Die Fränkische Schweiz wird von einigen großen Wanderwegen durchzogen, deren Begehung mehrere Tage in Anspruch nimmt. Dies sind insbesondere der
- Main-Donau-Weg (*blaues MD*) von Staffelstein bis Hersbruck; ca. 130 km.
- Westliche Albrandweg (*roter Querstrich*) von Hersbruck nach Lichtenfels und der ebenso markierte Östliche Albrandweg von Sulzbach-Rosenberg nach Lichtenfels; beide ca. 130 km.

*Eine gefährdete Idylle – Lungsdorf im Oberen Pegnitztal.*

- Leo-Jobst-Weg (*rotes Kreuz*) von Forchheim nach Pegnitz; ca. 55 km.
- Heinrich-Uhl-Weg (*roter Senkrechtstrich*) von Aufseß nach Behringersmühle (vgl. auch Tour 21); ca 30 km.
- Weg von Hirschaid nach Betzenstein (*blauer Querstrich*); ca. 70 km.
- Leinleiter-Talweg (*gelber Querstrich*) von Scheßlitz nach Pretzfeld; ca. 50 km.
- Markgrafenweg (*blaues Kreuz*) von Erlangen nach Bayreuth; ca. 70 km.
- Höhenweg von Bamberg nach Bayreuth (*grüner Querstrich*); ca. 60 km.
- Weg von Bamberg nach Muggendorf (*grünes Kreuz*); ca. 50 km.
- IFS-Weg (*diagonal geteiltes, rot-weißes Rechteck*), ein Fünf-Tage-Rundweg durch die Fränkische Schweiz, der von Forchheim ausgeht; ca. 135 km.

Die Tourismuszentrale Fränkische Schweiz bietet zu drei eigens bezeichneten Mehrtages-Rundwanderungen Gepäckbeförderung an. Es sind dies folgende Touren:

- mit *roter 6 im Dreieck* bezeichnete Sechs-Tage-Wanderung durch die nördliche Fränkische Schweiz, die zwischen Streitberg und Sanspareil verläuft,
- mit *blauer 7 im Dreieck* bezeichnete Sieben-Tage-Rundwanderung durch die zentrale Fränkische Schweiz, die in Ebermannstadt startet,
- mit *grüner 5 im Dreieck* bezeichnete Runde durch die südöstliche Fränkische Schweiz, ausgehend von Pegnitz.

Nähere Informationen erhalten Sie bei der Tourismuszentrale (Oberes Tor 1, 91320 Ebermannstadt, Tel. 09194/797779).

**Freibäder**
Pack die Badehose ein in: Scheßlitz, Hollfeld, Waischenfeld, Ebermannstadt (Rotenbühl), Muggendorf, Streitberg, Egloffstein, Betzenstein, Gräfenberg, Schnaittach, Hersbruck, Hirschbach, Königstein.

**Anreise**
Die Fränkische Schweiz erstreckt sich zwischen den Städten Bamberg, Nürnberg/Erlangen, Amberg und Bayreuth. Von dort sind viele Orte der Region auch mit öffentlichen Verkehrsmitteln zu erreichen. Soweit die Ausgangsorte der Wanderungen bequem mit der Bahn angefahren werden können – und nicht wenige, besonders in der Hersbrucker Schweiz, sind an den Verkehrsverbund Großraum Nürnberg angeschlossen –, wird dies im Tourensteckbrief erwähnt (Fahrplan- und Tarifauskünfte beim VGN-Service-Telefon 0911/2707599). Für den Autoverkehr ist die A 9 Nürnberg–Berlin die zentrale Achse, sie durchschneidet das Gebiet in nord-südlicher Richtung und trennt die Fränkische von der Hersbrucker Schweiz. Die meisten Ausgangsorte im zentralen Teil des beschriebenen Gebiets kann man gut von ihr aus erreichen. Am westlichen Rand der Fränkischen Schweiz verläuft die Autobahn Nürnberg–Bamberg. Sie berührt Forchheim, das Tor zum Wiesenttal.

**Auskunft**
Tourismuszentrale Fränkische Schweiz, Oberes Tor 1, 91320 Ebermannstadt, Tel. 09194/797779.

**Literatur**
Wer sich gerne weiter über die Fränkische Schweiz informieren möchte, dem sind folgende Bücher besonders empfohlen:
- H.-P. Siebenhaar/Michael Müller: Fränkische Schweiz (mit Bamberg und Bayreuth), Erlangen, 4. Auflage 1991.
- G Voit/B. Kaulich/ W. Rüfer: Vom Land im Gebirg zur Fränkischen Schweiz. Eine Landschaft wird entdeckt, Erlangen 1992.
- Meyer/Schmidt-Kaler: Wanderungen in die Erdgeschichte. Durch die Fränkische Schweiz, München 1992.
- F. Herrmann: Höhlen der Fränkischen und Hersbrucker Schweiz, Nürnberg 1991.
- D. Höllhuber/W. Kaul: Fränkische Schweiz. Ein Wanderführer für Biertrinker.
- Max Schäfer: Wandern mit Kindern im Frankenjura, Lauf an der Pegnitz 1991.
- Max Schäfer: Die schönsten Wanderungen links und rechts der Pegnitz, Lauf an der Pegnitz 1994.
- Karlheinz Deschner: Dornröschenträume und Stallgeruch. Über Franken, die Landschaft meines Lebens, München 1989.

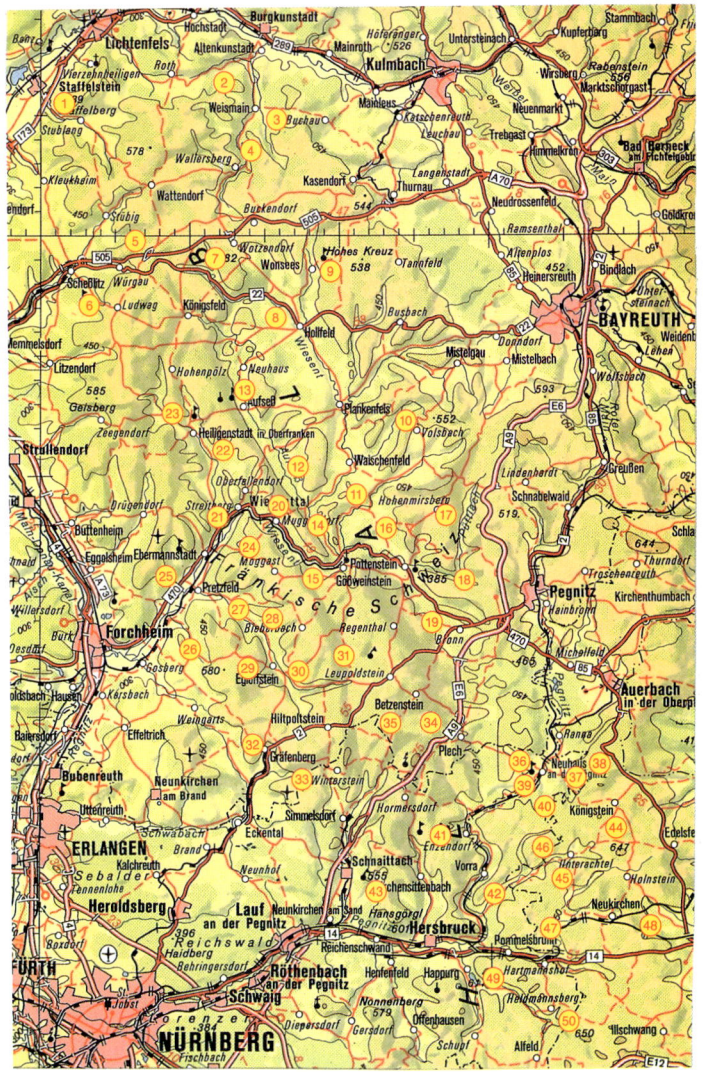

# Kleines Landschaftsbrevier

**Die Entdeckung einer »Schweiz« mitten in Franken**
Es waren die Romantiker, die in der Fränkischen Schweiz ihr Arkadien fanden und ihr diesen – zugegebenermaßen – etwas hochtrabenden Namen gaben. Zum ersten Mal wurde das Gebiet ums Wiesenttal im Jahre 1829 in einem Reiseführer des Bamberger Gelehrten Joseph Heller so bezeichnet. Vorher hieß dieses ärmliche, unwirtliche Land, das Reisende nur ungern durchqueren, jahrhundertelang schlicht »das Land auf dem Gebirg«. Erst mit der Entdeckung und Erforschung der großen Höhlen im Wiesenttal erlangte die Gegend fast schlagartig Berühmtheit. Auslöser war ein aufsehenerregendes, im Jahre 1774 vom Uttenreuther Pfarrer Johann Friedrich Esper veröffentlichtes Werk, das, mit Kupfertafeln illustriert, zehn Höhlen um Muggendorf ausführlich beschrieb. Die Kunde von dieser wunderbaren, tropfsteingeschmückten Unterwelt und den geheimnisvollen Knochenfunden dort zog rasch die Gelehrten und erste Bildungsreisende an. Für die Studenten der Erlanger Universität gehörte es bald zum guten Ton, Fußreisen in das nun »Muggendorfer Gebirg« genannte Gebiet zu unternehmen. An Pfingsten des Jahres 1793 machten sich so auch Ludwig Tieck und Wilhelm Wackenroder auf, von Erlangen über Streitberg und Hollfeld bis nach Bayreuth zu wandern. In schwärmerischen Worten berichteten die beiden jungen Dichter von dieser Wanderung. In ihrer Nachfolge kamen fast alle großen Reisenden der Romantik, von Fürst Pückler-Muskau bis Karl Immermann, und kaum einer war darunter, den die Gegend nicht entzückte. Adrian Ludwig Richter hielt die Landschaft in seinen Skizzen und Stichen fest und prägte damit die romantische Vorstellung von Land und Leuten entscheidend mit. Den Romantikern galt dieses abwechslungsreiche landschaftliche Nebeneinander von idyllischen Flußtälern mit klappernden Mühlen und steil aufragenden, burgengekrönten Felsen als die ideale Verwirklichung einer Landschaft im »arkadischen Stil«, und so wurde die Fränkische Schweiz damals schon zu einer heilen Welt stilisiert, die die Besucher selbst schon längst verloren glaubten.

**Der Charakter der Landschaft: Von Wald und Heiden**
Dem Wanderer der Romantik bot sich freilich ein ganz anderes Landschaftsbild als dem Reisenden von heute. Bis gegen Ende des letzten Jahrhunderts zeigten sich die steilen Talseiten nämlich weitgehend waldfrei. Die hohen, teils bizarr geformten Felstürme und -wände erhoben sich freistehend aus den mit kurzem Magerrasen und Wacholderheide bewachsenen Hängen. Der Blick von und auf die Felsen, Burgen und Ruinen wurde von keinem

*Kleine Höhlenbummelei – die Zwergenhöhle unter der Ruine Hollenberg.*

*Typisch auf Kalkmagerrasen – die Kü(h)chenschelle.*

Blätterwerk verstellt. Gerade der Anblick des Wiesenttals muß atemberaubend gewesen sein: die hohen Felsriffe bei Streitberg (Touren 20/21), die Höhlenruine der Riesenburg (Tour 14) bei Behringersmühle, ja sogar das Quackenschloß (Touren 14 und 21) mit seinem Felsentor waren in ihrer ganzen Größe und Schönheit weithin sichtbar. Dieses für die Fränkische Schweiz als typisch geltende Landschaftsbild hatte sich seit dem frühen Mittelalter durch weitreichende Rodungen – im ursprünglichen, nicht kultivierten Zustand war das Gebiet tatsächlich von ausgedehnten Mischwäldern überzogen – und jahrhundertelange Schafhut herausgebildet. Erst durch den Rückgang der Schafhaltung und gezielte Aufforstungsprogramme seit der Jahrhundertwende hat der Wald, dominiert von der Buche, wieder an Boden gewonnen. Viele einst berühmte Felsansichten und Aussichtspunkte sind heute unter einem Blätterdach verborgen. Alte Stiche, wie man sie zum Beispiel in der Streiberger Pilgerstube bewundern kann, erinnern daran, wie großartig einst die waldfreie Landschaft war. Heute findet sich diese Landschaftsform, die der Fränkischen Schweiz einst zur Berühmtheit verhalf, nur noch in relativ kleinen Bereichen, wie zum Beispiel an den Talhängen um Pottenstein (Tour 17), bei Unterailsfeld (Tour 16) oder im Kleinziegenfelder Tal (Tour 4). In den letzten Jahren allerdings begannen einige Gemeinden damit, einzelne Felsgruppen an den Talhängen wieder vorsichtig freizustellen. Nicht zuletzt auch deshalb, weil im rasch wachsenden Wald die typische, inzwischen selten gewordene Kalkmagerrasenflora und -fauna verlorengeht.

Im Frühling schaukeln in der Wacholderheide die verschiedensten Schmetterlinge zwischen rosa leuchtenden Pfingstnelken, gelbem Mauerpfeffer, blauen Kuhschellen, duftendem Thymian und seltenen Orchideenarten.

**Fränkische Schweiz und Hersbrucker Schweiz: Ein wenig Geographie**
Aufgrund der Entdeckungsgeschichte der Landschaft bezeichnet der Name »Fränkische Schweiz« im engeren Sinn eigentlich nur das Einzugsgebiet der Wiesent, also das Wiesental und seine Seitentäler. In ihrem Herzen liegt der Talknoten von Wiesent-, Püttlach- und Ailsbachtal bei Behringersmühle, wo die Wiesent überraschend ihren charakteristischen »Knick« nach Westen beschreibt, um bei Forchheim in die Regnitz zu münden. Man unterscheidet daher das Obere vom Unteren Wiesenttal. Die wichtigsten Seitentäler des Unteren Wiesenttals sind das Trubach- und das Leinleitertal. Der nördlich der Wiesentquelle bei Steinfeld anschließende Bereich des nördlichsten Frankenjura, der sich bis zum Obermaintal ausdehnt, hat – wohl weil er nie in vergleichbarem Maße touristisch entdeckt worden war – keinen eigenen, romantisierenden Namen erhalten. Vielleicht herrscht heute deswegen dort noch etwas mehr Ruhe als anderswo.
Was der zentralen Fränkischen Schweiz die Wiesent ist, das ist der Hersbrucker Schweiz die Pegnitz. Ähnlich wie jene ändert auch die Pegnitz überraschend ihren Lauf und geht vor Hersbruck förmlich in die Knie, um der alten Kaiserstadt Nürnberg zuzueilen. Zusammen mit dem Sittenbach-, Hirschbach- und Högenbachtal bildet das Pegnitztal die klassische Sommerfrische der Nürnberger. Das gesamte Gebiet der Hersbrucker und Fränkischen Schweiz ist heute im Naturpark »Fränkische Schweiz – Veldensteiner Forst« zusammengefaßt.

**Der Fränkische Jura: Ein ehemaliger Meeresgrund**
Die Felsenwelt der Fränkischen Schweiz ist im wahrsten Sinne des Wortes die herausragendste Besonderheit des Gebiets. Die hohen, teils verwegen geformten Türme und Wände sind das Ergebnis eines jahrmillionenalten geologischen Prozesses, an dessen Anfang das Jurameer stand, welches vor 190 Millionen Jahren das gesamte Gebiet überflutet hatte. Nach diesem Meer wurde der gesamte mittlere Abschnitt des Erdmittelalters *(Mesozoikum)* und die in dieser Zeit entstandenen Gesteine benannt. Auf dem Grund dieses Meeres lagerte sich aus dem umliegenden Festland angeschwemmtes Material ab und wurde im Laufe von Jahrmillionen geschichtet und gefestigt. So bildeten sich die etwa 500 Meter mächtigen Schichten, die den Fränkischen Jura aufbauen. Man unterscheidet innerhalb der Zeitdauer des Jurameers drei Epochen, nach denen auch die in ihnen enstandenen Gesteinsschichten benannt sind. Die älteste und unterste Schicht ist der Lias oder Schwarze Jura, in dem dunkelgraue Schiefertone vorherrschen. Auf den Schwarzen Jura folgt der (daher erdgeschichtlich jüngere) Dogger oder Braune Jura mit seinen

*Felsenreich – das Wiesenttal kurz vor Behringersmühle.*

gelbbraunen und rötlichen Eisensandsteinen. Den jüngsten und damit obersten Abschnitt des Jura nennen die Geologen Malm oder Weißen Jura. Dieser Weiße Jura prägt mit seinen hell leuchtenden Kalken und Dolomiten das Gesicht der Fränkischen Schweiz.
Zu verdanken haben wir diese herrlich festen und eindrucksvoll geformten Felsen den besonderen Lebensbedingungen jenes Zeitabschnitts. Im Weißen Jura herrschte in unserem Gebiet ein tropisch-heißes Klima. Das Jurameer bot mit Wassertemperaturen von 20 bis 25 Grad vielen Schalentieren Lebensraum, und in lagunenähnlichen Flachwasserzonen konnten sich mächtige Schwammriffe bilden. Die Kalkschalen und Skelette der abgestorbenen Meerestiere sanken auf den Meeresboden, wurden dort in waagerechten Schichten abgelagert und verfestigt. Anders die abgestorbenen Schwämme: Jene wurden im Zusammenhang mit kalkausscheidenden Algen umkrustet und so zu ungeschichteten, 50 bis 60 Meter mächtigen untermeerischen Riffen verfestigt. Teile des so entstandenen Kalkgesteines wurden durch die Einlagerung von Magnesium in festen Dolomit verwandelt. Wo diese Gesteine freiliegen, kann man ihre Geschichte an ihnen selber lesen. So lassen z.B. die eindrucksvollen Kletterfelsen des Wiesenttals unschwer ihre Riffstruktur erkennen. Doch auch dort, wo die Gesteinsschicht unter der Erde verborgen liegt, läßt die Landschaftsform Rückschlüsse zu. So bilden die ehemaligen Schwammriffe auf der Albhöhe die typische Hügelstruktur der Kuppenalb. Im Gegensatz dazu steht die sogenannte Flächenalb (z.B. die

Lange Meile gegenüber Ebermannstadt), der die fossilienreichen Schichtkalke zugrunde liegen. Wie oft kann man auf Steinsplittern am Wegesrand die versteinerten Gehäuse der ehemaligen Meeresbewohner entdecken!
Auf manchen Wanderungen, die von tiefer liegenden Bereichen hinauf auf die Albhöhe führen, läßt sich der Aufbau der gesamten Fränkischen Juraschichtstufe beobachten: Die Schwarzjuraschichten sind der Sockel der Alb, sie bilden das sanft ansteigende, fruchtbare Vorland. Die Eisensandsteine des Braunen Jura, die manchmal in den Hangbereichen sichtbar werden, wurden gerne zum Kellerbau genutzt. Die Bierkeller des bekannten Pretzfelder Kirschenfests finden sich z.B. alle in dieser Schicht. Zwischen den einzelnen Juraschichten sind wasserstauende Tone eingelagert, die die Quellhorizonte der Fränkischen Schweiz bilden. Das Dach der Frankenalb schließlich ist der Weiße Jura mit seiner charakteristischen Felsenwelt.

**Höhlen, Hungerbrunnen und Dolinen: Die Karstlandschaft**
Dieser Gesteinsaufbau hatte für Land und Leute weitreichende Folgen. Eine wesentliche Eigenschaft der Jurakalke ist es nämlich, daß Sickerwasser an ihnen einen chemischen Prozeß auslöst, der zur Auflösung der Gesteine führt: Das Wasser, das in den bestehenden Spalten und Klüften versickert, vergrößert diese beständig, so daß immer mehr Wasser versickern kann.

*Phallisch – Felstürmchen am »Walberla«.*

Unter der Erdoberfläche arbeitet das Wasser weiter und löst mit der Zeit immer größer werdende Hohlräume und -gänge aus dem Gestein. Die großen Höhlen entstehen. Gleichzeitig wird die Oberfläche – weil ja alle Niederschläge schnell versickern – immer trockener. Auf der Albhochfläche finden sich daher kaum Gewässer. Ein Problem, mit dem die Menschen auf den Hochflächen schon immer zu kämpfen hatten. Typisch sind dort oben die kargen, nur mühsam zu bewirtschaftenden Kalkscherbenäcker. Ackerbau war dort nur möglich, wenn sich Lehme in Senken sammelten und so den Untergrund gegen das rasche Versickern des Wassers abdichteten. In manchen Siedlungen wurden solche wasserstauenden Mulden mit kleinen Teichen – Hülen genannt – künstlich angelegt. Viele Ortsnamen, wie Kleinhül, Weidenhül etc., erinnern noch daran. Die seltenen Brunnen mußten oft tief in die Erde gegraben werden. Schöne Beispiele hierfür sind der »Tiefe Brunnen« in Betzenstein (Tour 34/35) oder das Birkenreuther Brunnenhaus (Tour 24). Wie wichtig und kostbar für die Menschen auf der Albhochfläche das Wasser ist, sieht man an dem schönen Brauch, die Brunnen zu Ostern mit Eiern – dem Symbol des Lebens – zu schmücken. In den Tälern dagegen, die die Flüsse erst während zwischeneiszeitlicher Wärmephasen in der Eiszeit tief in die Oberfläche eingeschnitten haben, gab es Wasser oft im Überfluß. Viele Flüsse werden, wie die Pegnitz, durch beständig schüttende Karstquel-

*Farbenprächtig – zu Ostern werden die Brunnen geschmückt.*

len gespeist. Für Unheil sorgten oft die sogenannten Tummler oder Hungerbrunnen, aus denen nur während langer Regenperioden oder nach der Schneeschmelze das Wasser sprudelt, weil das Fassungsvermögen der Karsträume unter der Erde erschöpft ist. So hat z.B. die Heroldsmühle im Leinleitertal (Tour 23) häufig unter den Folgen des Hochwassers zu leiden.

Die Löslichkeit des Kalks führte aber nicht allein zur Bildung der großen Höhlen, sondern sorgte letztendlich auch für deren faszinierenden Tropfsteinschmuck. Gelangt das mit gelöstem Kalk angereicherte Sickerwasser nämlich in einen Hohlraum, wird durch eine chemische Reaktion ein Teil des gelösten Kalks wieder freigesetzt. Dieser Kalk lagert sich dort ab, wo das Wasser von der Höhlendecke herabtropft oder auf den Boden aufprallt. Über Zehntausende von Jahren bilden sich so die prächtigen Stalaktiten und Stalagmiten, die wir heute beispielsweise in der Teufelshöhle bewundern können. Tritt kalkhaltiges Sickerwasser aus unterirdischen Hohlräumen an der Erdoberfläche aus, kann ein ähnlicher Prozeß entstehen, der dann zur Bildung von filigranen Kalktuffen führt, wie sie heute noch in der Wedenbachklamm bei Streitberg (Tour 20) oder im Lillachtal bei Weißenohe (Tour 33) zu sehen sind.

Eine andere typische Erscheinungsform des Karsts sind die Dolinen: trichter- und schüsselförmige Senken mit unterirdischem Abfluß, deren Decke an der Erdoberfläche eingebrochen ist. Bei manchen kann man nach starken Regenfällen das Rauschen des Wassers im Erdinnern hören. Auffallend ist, daß viele großen Höhlen- und Höhlenruinen der Fränkischen Schweiz hoch über dem Talgrund liegen. Als diese Höhlen entstanden, konnten also die Flußtäler noch nicht eingeschnitten gewesen sein – ein Hinweis auch auf das Alter der Höhlen. So gilt z.B. das hoch über dem Wiesenttal gelegene Quackenschloß als die Ruine eines sehr alten Höhlensystems, da sich das heutige Fluß- und Talnetz erst während des Zeitalters der Eiszeiten eintiefte. Im gesamten Gebiet werden heute übrigens über 800 Höhlen, Grotten und Höhlenruinen gezählt. Einige der schönsten Tropfsteinhöhlen sind der Öffentlichkeit zugänglich gemacht.

**Burgen und Ruinen: Zeichen einer wechselvollen Geschichte**

In kaum einem anderen Landstrich Deutschlands finden sich so viele Burgen, Schlösser und Ruinen auf engstem Raum versammelt wie in der Fränkischen Schweiz. Viele Orte erhielten ihre Namen von den Erbauern dieser »Steine«, wie im 11. Jahrhundert – der ersten großen Zeit des Burgenbaus – die einfachen, oft auf abweisenden Felsen errichteten Turmburgen genannt wurden. So leitet sich Pottenstein vom Pfalzgraf Botho von Kärnten ab, die Burg Gößweinstein wurde von einem Goswin erbaut, Hiltpoltstein von einem Hildebold ... Die Burgen wurden an strategisch wichtigen Punkten errichtet und dienten der Verteidigung und der Kontrolle des Landes. Doch was heute der Landschaft ein besonders romantisches Gepräge gibt, ist nichts anderes als das Zeichen einer äußerst wechselhaften, von territorialer Zerrissenheit und der damit verbundenen Rechtsunsicherheit gezeichneten Geschichte, die besonders für die einfache Landbevölkerung alles andere als idyllisch war.

Das Gebiet des nördlichen Frankenjura wurde unter den Karolingern dem Frankenreich eingegliedert, mit dem Königshof Forchheim als Zentrum. Für die weitere Geschichte der Gegend wurde die Gründung des Bistums Bamberg durch Heinrich II. im Jahre 1007 zum bestimmenden Ereignis. Der Kaiser stattete seine Neugründung großzügig aus: Forchheim und die umliegenden Gemeinden gingen in den Besitz der Kirche über. Die Verwaltung des großen Herrschaftsgebiets übernahmen die Lehensherren der Bischöfe, der im Gebiet ansässige Landadel.

Dem Einflußbereich des Bistums Bamberg stand auf der anderen Seite die Macht des von den Zollern innegehaltenen Nürnberger Burggrafenamts gegenüber. Diese erweiterten ihren Besitz im Laufe der Zeit immer weiter, so daß schließlich die Markgrafenschaften Kulmbach und Bayreuth, Ansbach und Brandenburg zu ihrem Herrschaftbereich zu rechnen waren. Daß dazwischen einzelne im Gebiet ansässige edelfreie Herren, wie die Schlüsselberger, noch ihr eigenes Süppchen kochen wollten, machte die Lage nicht gerade übersichtlicher. Die Landschaft um Wiesent und Pegnitz glich so in

*Kriegerisch – der Innenhof der nie ganz fertiggestellten Festung Rothenberg.*

*Burgenreich – Aufseß hat gleich zwei Burgen, hier der Blick auf Oberaufseß.*

immer zunehmenderem Maß einem Fleckerlteppich politischer Machtverhältnisse und -interessen. Zu welchen kuriosen Ländersplittereien es kam, mag das Beispiel der Burg Hartenstein zeigen: Im Bereich von 200 Schritt um die Mauern der Burg hatte die Pfalz Amberg die Obrigkeit inne, nur einen Schritt weiter hatte Nürnberg das Sagen. Dieses wirre Durcheinander der Herrschaftsbereiche und Rechtszuständigkeiten – Bistum Bamberg, Markgrafenschaften Brandenburg-Ansbach, Brandenburg-Bayreuth, Pfalz Sulzbach und Pfalz Amberg sowie Freie Reichstadt Nürnberg – veranlaßte die hohen Herren beständig dazu, ihr Territorium zu sichern, indem sie versuchten, es auf Kosten der Nachbarn zu erweitern. Die Zeiten waren unsicher, und wer sich heute noch mit seinem Nachbarn gegen einen Dritten verbündet hatte, warf vielleicht morgen schon den Fehdehandschuh gegen ihn. So wurde das Gebiet im 15. und 16. Jahrhundert fortwährend von verwüstenden Kriegen überzogen, in denen irgendwann jede Burg zumindest einmal in Schutt und Asche lag. Diese Situation wurde durch die Reformation im 16. Jahrhundert noch verschärft. Die Freie Reichstadt Nürnberg und die Markgrafen von Kulmbach-Bayreuth und Brandenburg schlossen sich den Lutherischen an und standen so im Dreißigjährigen Krieg dem katholischen Bistum Bamberg und Kurfürstentum Bayern gegenüber. Eine grundlegende Änderung dieser Situation erfolgte erst durch die Säkularisation und Mediatisierung im vergangenen Jahrhundert.

# 1 Vierzehnheiligen und Staffelberg, 539 m

Aussichtsreicher Pilgerweg zu einem Höhepunkt fränkischen Barocks

**Lichtenfels – Vierzehnheiligen – Staffelberg – Romansthal – Wolfsdorf – Lichtenfels**

**Ausgangsort:** Lichtenfels. schmuckes Städtchen im Maintal, an der B 173.
**Ausgangspunkt:** In Lichtenfels-West beginnt an der Alten Bamberger Straße (Kriegerdenkmal, Milchsammelstelle) der bezeichnete Pilgerweg nach Vierzehnheiligen.
**Weglänge:** Etwa 16 km.
**Gehzeit:** 4–5 Std.
**Markierungen:** Hinweg: Staffelberg; Rückweg: Hase.
**Anforderungen:** Überwiegend sehr gepflegte, breite und gut markierte Wanderwege.
**Einkehrmöglichkeiten:** Gsh. und Klosterbrauerei in Vierzehnheiligen. Kleine Gartenwirtschaft neben der Adelgundiskapelle am Staffelberg. Ghs. in Romansthal.
**Sehenswürdigkeiten:** Wallfahrtskirche Vierzehnheiligen. Adelgundiskapelle auf dem Staffelberg. Der weite Blick ins Maintal und auf das gegenüberliegende Schloß Banz, das – ebenso wie Vierzehnheiligen – zu den großen Leistungen der Barockarchitektur zählt (Klosterkirche von Johann Dientzenhofer, Abteibau von Leonhard Dientzenhofer).
**Hinweis:** Nach Möglichkeit Wochenenden meiden, sonst scharenweise Bustouristen! Einen Besuch wert ist auch das Städtchen Staffelstein, ein Schmuckstück barocker Fachwerkarchitektur, sowie Schloß Banz.

**Kurzvariante:** Wer sich den An- und Abstieg von und nach Lichtenfels sparen will, geht vom großen Besucherparkplatz kurz unterhalb von Vierzehnheiligen auf dem beschriebenen Höhenweg zum Staffelberg und auf dem gleichen Weg zurück; 2–3 Std.

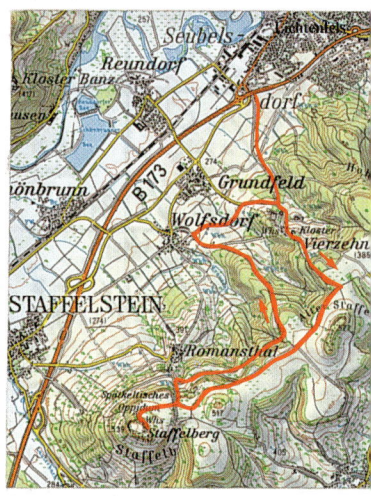

Im äußersten Nordwesten der Frankenalb liegt unser erstes Wanderziel, doch es könnte kaum ein eindrucksvollerer Auftakt sein: Auf einem alten Pilgerweg steigen wir aus dem Maintal zur Wallfahrtsbasilika Vierzehnheiligen empor. Barockoko! Im leichtesten, lichtesten Spätbarock glänzt diese Perle fränkischer Sakralarchitektur, ein Spätwerk des genialen Baumeisters Balthasar Neumann. Weiter geht's auf aussichtsreichem Höhenweg dem Staffelberg entgegen. Die Aussicht könnte besser nicht sein: Im Rückblick leuchtet die Wallfahrtsbasilika, auf der gegenüberliegenden Talseite grüßen die schlanken Türme des Klosters Schloß Banz. Die schlichte Adelgundiskapelle auf dem weiten Gipfelplateau des Staffelbergs steht in denkbarem

*Gut bezeichnet – der Höhenweg zum Staffelberg.*

Gegensatz zur Pracht dieser barocken Monumente. Das Hochplateau des Staffelbergs wurde übrigens schon seit 4500 v. Ch. besiedelt. Lassen Sie sich Zeit für einen ausgedehnten Gipfelrundgang, genießen Sie die Aussicht und wundern Sie sich nicht, wenn Ihnen Victor von Scheffels »Frankenlied« in den Sinn kommt, denn man hat hier tatsächlich »*die Lande um den Main zu seinen Füßen liegen ...*«

Wir verlassen **Lichtenfels-West** beim Sportplatz. Dort beginnt die schöne Lindenallee, durch die der asphaltierte Pilgerweg nach **Vierzehnheiligen** emporführt. Unsere Markierung, der stilisierte *Staffelberg*, begleitet uns zusammen mit dem roten Querstrich von Anfang an. Oberhalb der Klosterbrauerei zweigt die Markierung nach rechts ab und steigt auf einem felsigen, aber breiten Weg empor zum bequemen, aussichtsreichen Höhenweg, der rechtshaltend fast eben hinüber zum **Staffelberg** führt. Der Ww. »*Staffelberg*« weist uns schließlich linkshaltend den Weg zum weiten Gipfelplateau. Kurz geht es steil empor, und schon ist die Adelgundiskapelle erreicht. Der Gipfelrundgang erfolgt ganz nach Lust und Laune.

Für den **Rückweg** geht's auf dem bekannten Herweg zurück, bis ein Ww. (bei einem Kruzifix und einer Staffelberg-Infotafel) nach links Richtung **Romansthal** weist. Der Weg führt steil hinab bis zum Parkplatz vor dem Ortseingang. Nun im spitzen Winkel nach rechts, bei einer Weggabelung den linken Weg wählen und mit der Markierung »*Hase*« nach **Wolfsdorf**. Am Ortsanfang befindet sich ein Ww., der nach rechts einen Fahrradweg nach **Vierzehnheiligen** ausweist. Diesem Feldweg bis auf die Fahrstraße folgen und auf dieser kurz nach rechts bis zum Parkplatz unterhalb des Wallfahrtsorts. Hier stoßen wir wieder auf den bekannten Pilgerweg, der uns nach links zum **Ausgangspunkt** zurückbringt.

# 2 Zum Großen Kordigast, 536 m

Ruhige Wanderung zu aussichtsreichem Gipfel

**Altenkunstadt – Külmitzberg – Eulenberg – Steinerne Hochzeit – Großer Kordigast – Röhrigkapelle – Altenkunstadt**

**Ausgangsort:** Altenkunstadt an der B 289.
**Ausgangspunkt:** An der Straße Altenkunstadt – Strössendorf befindet sich kurz nach dem Ortsende links der Wanderparkplatz »Drei Linden«.
**Weglänge:** Etwa 18 km.
**Gehzeit:** 6–7 Std.
**Markierungen:** Hinweg: 4; Rückweg 4 und das »M« des Mainwanderwegs.
**Anforderungen:** Überwiegend breite Wald- und Feldwege. Häufiges Auf und Ab.
**Einkehrmöglichkeiten:** Ghs. »Steinerne Hochzeit« (nur Brotzeiten!) und Ghs. »Waldfrieden« am Kordigast.
**Kurzvariante:** Oberhalb von Burkheim befindet sich am Ghs. »Waldfrieden« ein Wanderparkplatz. Von hier aus kann man dem Großen und Kleinen Kordigast mitsamt der »Steinernen Hochzeit« in 1–2 Std. einen Besuch abstatten.

Stille, einsame Wege führen in stetem Auf und Ab durch Wald und weite Fluren hinüber zum Großen Kordigast, der mit einer lohnenden Aussicht ins Maintal überrascht: Im Osten ist Kulmbach mit der Plassenburg zu erkennen, im Westen grüßen die Silhouette des Staffelbergs und die hohen Türme von Kloster Banz.

Vom **Wanderparkplatz** folgen wir dem »M« des Mainwanderwegs erst gerade, dann links hinauf, bis wir auf einem querverlaufenden Forstweg auf die »4« treffen, die uns nun weiter bis zur »Steinernen Hochzeit« führen wird: Zunächst geht es auf Forststraßen durch den Wald über den **Külmitzberg**, dann am Waldrand entlang und bald auf Feldwegen über freie Flächen bis hin zur Straße, die links nach Spiesberg führt. Wir überqueren die Straße und wandern linkshaltend über den **Eulenberg** hinab nach Burkheim. Der Ort

*Am Gipfel des Großen Kordigasts.*

bleibt links liegen, wir überqueren geradewegs die Straße und wandern jenseits zunächst auf einem Fahrweg, später auf schmalem Pfädchen bis zu einem Wegkreuz unter drei alten Bäumen (Ruhebänke). Nun geht es mit dem »*M*« nach links auf Feldwegen über freie, steinige Ackerflächen zum bereits sichtbaren Wirtshaus »**Steinerne Hochzeit**« unterhalb des **Großen Kordigasts**. Das »*M*« bringt uns in Kürze zum aussichtsreichen, kreuzgeschmückten Gipfel (Ruhebänke).

Mit dem »*M*« gelangen wir zurück zum Fahrweg, der mit der »*4*« bezeichnet ist. Die »*4*« verläßt diesen Fahrweg schließlich nach rechts und führt, mehrere Haken schlagend, hinab zur **Röhrigkapelle**. Hier gehen wir auf der Straße kurz nach rechts, um sie nach etwa 100 Metern wieder nach links zu verlassen. Die »*2*« bringt uns nun rechtshaltend bis dorthin, wo die Markierungen »*1*«, »*3*« und »*M*« nach links abbiegen. Das »*M*« bringt uns zum **Ausgangspunkt** zurück.

# 3 Görauer Anger, 553 m, und Krassachtal

Über die aussichtsreiche Albrandkante in ein romantisches Tal

**Parkplatz – Niesten – Görau – Görauer Anger – Zultenberg – Seubersdorf – Bärental – Herbstmühle – Krassachmühle – Krassach – Parkplatz**

**Ausgangsort:** Weismain, Fachwerkstädtchen mit mittelalterlicher Prägung.
**Ausgangspunkt:** Auf der Straße von Weismain nach Niesten befindet sich auf der linken Seite ein Wanderparkplatz.
**Weglänge:** Etwa 16 km.
**Gehzeiten:** 5–6 Std.
**Markierungen:** Roter Strich bis Zultenberg. Ohne Markierung von Zultenberg ins Bärental. »2« und »3« im Bären- und Krassachtal.
**Anforderungen:** Überwiegend bequeme Feld- und Waldwege; von Niesten nach Görau und im Bärental schmale Pfade.
**Einkehrmöglichkeiten:** In Weismain (2 Brauereien), Ghs. in Görau.
**Kurzvarianten:** Von Görau am Görauer Anger entlangspazieren oder vom Ausgangspunkt ins Krassachtal u. auf gleichem Weg zurück.

Sellten wandert man so direkt am Rand der Frankenalb entlang wie auf der Hochfläche des Görauer Angers. Sie bricht unvermittelt nach Nordosten ab und legt einem die typisch fränkische Dorflandschaft zu Füßen. Auf dem Rückweg durch das Krassachtal wird alte Mühlenromantik lebendig.

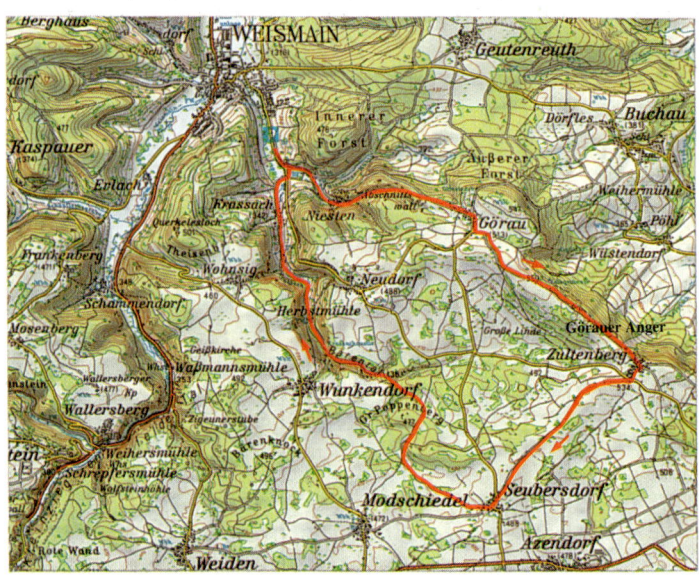

*Idyllisch gelegen – die Krassachmühle.*

Vom **Wanderparkplatz** geht es zunächst auf der Fahrstraße nach **Niesten**. Der *rote Strich* führt uns nun auf Waldpfaden empor bis nach Görau. In **Görau** halten wir uns rechts und verlassen den Ort bei einem großen Kruxifix vor einem mit Körben geschmückten Haus nach links. Beim Friedhof führt der *rote Strich* rechtshaltend auf einem Flurbereinigungsweg weiter. Bald ist die weite Hochfläche des **Görauer Angers** erreicht, an deren Rand wir nach Zultenberg entlangspazieren. In **Zultenberg** werden die markierten Wege verlassen. Im Ort nach rechts und bei einer Straßenverzweigung weiter Richtung Kasendorf. Wir verlassen so den Ort und wandern jenseits einer Querstraße auf dem rechten von zwei sich verzweigenden Feldwegen weiter; er ist als Fahrradweg ausgewiesen. Bei der nächsten Wegverzweigung an einer Scheune halten wir uns links und kommen so geradewegs nach **Seubersdorf**. Dort bei der Kirche rechts Richtung Modschiedel. Am Ortsende die Straße nach rechts verlassen. Der linke von zwei Feldwegen führt uns bald an einer Scheune vorbei. Bei einer Weggabelung bleiben wir auf dem linken (Haupt-)Weg. An der nächsten Weggabelung, bei einem Jägerstand, halten wir uns rechts auf eine Waldspitze zu, an deren rechten Rand wir entlangwandern. Von nun an ist unser Weg mit der »3« markiert. An einer Lichtung mit Jägerstand befindet sich die nächste Wegkreuzung. Hier biegen wir links ab und folgen der »3« in umgekehrter Richtung ins **Bärental**. Am Taleingang lädt eine idyllische Lichtung (Kruxifix, Bänke) zur Rast. Nun geht es, immer von der »2« und »3« begleitet, an verwunschen verwachsenen Felsen vorbei talwärts. Kurz nach der Krassachquelle passieren wir die **Herbstmühle**. Weiter geht es, immer dem Flußlauf folgend, zur schönen **Krassachmühle**. Bei einem Kruxifix nach dem kleinen Ort **Krassach** verlassen wir den markierten Weg und kehren auf der Straße zum nahen **Parkplatz** zurück.

# 4  Kleinziegenfelder Tal

Durch das vielleicht schönste Felsental der nördlichen Frankenalb

**Weihersmühle – Weiden – Kleinziegenfeld – Weihersmühle – Kötteler Grund – Mosenberg – Frankenberg – Schammendorf – Weihersmühle**

**Ausgangspunkt:** Weihersmühle; direkt am Gasthaus »Zur Forelle« befindet sich ein Parkplatz mit Wandertafel.

**Weglänge:** Insgesamt etwa 18 km; davon etwa 7 km für die 1. Teilrunde bis zurück zur Weihersmühle und etwa 10 km für die 2. Teilrunde.

**Gehzeiten:** Insgesamt etwa 6 Std. Etwa 2½ Std. für die 1. Runde und etwa 3½ Std. für die 2. Runde.

**Markierungen:** Die 1. Runde ist mit der »4« markiert, die 2. Runde deckt sich größtenteils mit dem Rundweg Nr. 6.

**Anforderungen:** Gut markierte Wege und Pfade. Auf den teils schmalen Pfädchen ist bei Nässe Vorsicht geboten. Dasselbe gilt für die schmalen Stege, auf denen der Weismain auf dem Rückweg überquert wird.

**Einkehrmöglichkeiten:** Ghs. »Zur Forelle« an der Weihersmühle und Ghs. in Frankenberg.

**Kurzvariante:** Sich mit einer der beiden Runden begnügen!

Ein idyllischer, schmaler Pfad eilt mit dem jungen Weismain durch das von mächtigen (oft im Wald versteckten) Felsen gesäumte Tal, aus dem links und rechts stille, romantische Wald- und Wiesengründe hinaufführen auf die weite, sonnige Albhöhe. Typisch (und selten geworden) sind die steilen, felsdurchsetzten Magerrasenhänge im oberen Talbereich mit ihrem Wacholderbewuchs. Um möglichst viel von diesem Tal und seinen Höhen kennenzulernen, werden in diesem Tourenvorschlag zwei kleinere Rundwanderungen zu einer großen »Acht« verbunden.

Die »4« überquert an der **Weihersmühle** den Weismain und führt uns in einem felsengesäumten Hohlweg durch urwüchsigen Wald steil hinauf auf die Höhe. Der Wald wird verlassen, und ein Feldweg bringt uns geradeaus nach **Weiden**. Kurz vor dem Ort weist uns die »4« an einem Marterl nach rechts. Über die freie Hochfläche geht es geradewegs weiter. Die Höfe, die am oberen Talrand von **Kleinziegenfeld** liegen, werden zuletzt in einer Linksschleife erreicht. Rechtshaltend und leicht absteigend queren wir die typischen felsenbestandenen Trockenrasenhänge. Zahlreiche Ruhebänke laden zur Rast. Bald kommen wir am Wahrzeichen des Tals, dem von einem eisernen Radfahrer gekrönten Felsturm, vorbei. Ein teils sehr schmales, idyllisches Pfädchen führt stets rechts des jungen Weismains im schattigen Wald zur **Weihersmühle** zurück.

Nun führt uns die »6« weiter: Ein bequemer, ebener Weg zieht in den stillen **Kötteler Grund**. Nach etwa einer halben Stunde verläßt die »6« das Tal nach rechts und steigt in einem schönen Hohlweg steil hinauf nach **Mosenberg**. Bei zwei Scheunen verlassen wir die »6«, die auf der Straße weiterführen würde, und gehen nach links auf einem Schotterweg bis zu einer Weggabelung (links zwei Eichen). Der rechte Weg bringt uns zum Waldrand und rechts weiter bis zu einer Scheune. Weiterhin rechtshaltend erreichen wir **Frankenberg**. Bei der Kapelle treffen wir wieder auf die »6«, der wir nun weiter folgen: Den Ort auf der Hauptstraße nach links verlassen und gleich nach dem Ortsschild rechts in einen Hohlweg einbiegen, der uns durch den Wald steil hinunter auf eine Wiese bringt. An einem Nußbaum findet sich die »6«. Achtung: Hier nicht nach links, sondern rechts über Wiesen auf die Straße, die nach **Schammendorf** führt. Die »6« leitet uns nun auf schönen Wiesenpfädchen flußaufwärts an der **Waßmannsmühle** und an mächtigen Felswänden vorbei zurück zur **Weihersmühle**, wobei der Weismain mehrere Male überquert wird.

*Ein Pfad führt am »Radfahrer«, dem Wahrzeichen des Tals, vorbei.*

# 5 Von Burglesau ins Kleinziegenfelder Tal

Auf der stillen Albhochfläche von einem Ort zum andern

**Burglesau – Gräfenhäusling – Schederndorf – Pfaffendorf – Kleinziegenfelder Tal**

**Ausgangsort:** Burglesau, kleines Örtchen nordöstlich von Scheßlitz.
**Ausgangspunkt:** Bushaltestelle in Dorfmitte.
**Weglänge:** Etwa 12 km einfach.
**Gehzeiten:** Etwa 4 Std.
**Markierungen:** Gelber Punkt und gelber Querstrich bis Gräfenhäusling, von dort mit dem roten Kreuz ins Kleinziegenfelder Tal.
**Anforderungen:** Überwiegend bequeme, ebene Feld- und Waldwege.

**Einkehrmöglichkeiten:** Ghs. in Gräfenhäusling und – für Bierfreunde absolut empfehlenswert – Brauerei-Gasthof Will in Schederndorf.
**Hinweis:** Streckenwanderung! Nach Möglichkeit ein Auto am Ausgangspunkt und eines am Endpunkt der Wanderung stationieren. Oder die gleiche Strecke wieder zurückwandern, was den Vorteil hat, ein zweites Mal nach Schederndorf zu kommen ...

Nichts Spektakuläres erwartet uns auf dieser Wanderung – sieht man einmal vom süffigen Schederndorfer Bier ab, das allein schon den Weg lohnen würde. Aber gerade das Gleichmaß und die Ruhe, die sich über die weite, sonnige Albhochfläche legen, machen den eigentlichen Reiz dieser Tour aus. Nicht zu vergessen das kleine, von mächtigen Felsen gesäumte Pfädchen hinab ins Kleinziegenfelder Tal!

Wir verlassen **Burglesau** mit dem *roten Strich* und steigen auf der asphaltierten Straße in mehreren Kehren hinauf auf die Albhöhe. Hier zweigt der rote Strich nach rechts ab, und wir wandern nun mit dem (kaum mehr erkennbaren) *gelben*

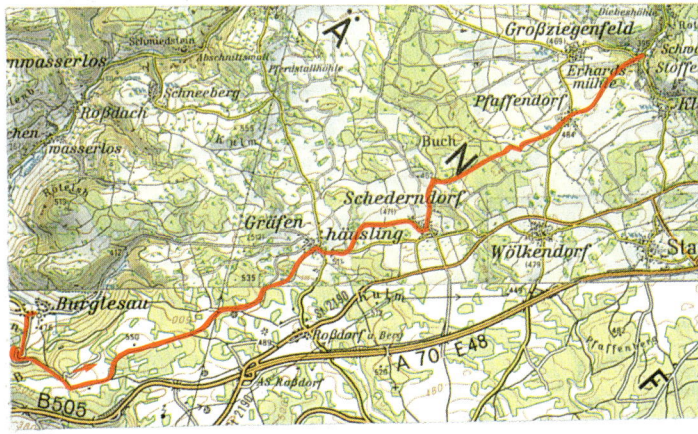

*Die Herbstsonne setzt kleine Wegdetails ins rechte Licht.*

*Punkt* und dem neuen *gelben Querstrich* immer leicht linkshaltend über die Höhen weiter. Bei einer freien Fläche mit Hochspannungsleitungen ist Vorsicht geboten: Nun nicht mit dem Hauptweg nach rechts, sondern linkshaltend entlang der Hochspannungsleitungen weiter und schließlich nach rechts durch den Wald. Der markierte Weg hält sich bei einer Wegkreuzung links und führt an einer Doline vorbei nach **Gräfenhäusling**. Der Ort wird rechtshaltend auf der Straße nach Schederndorf verlassen. Kurz nach dem Ortsende zweigt ein Feldweg von der Straße nach links ab, der uns bald nach **Schederndorf** bringt. Nun führt uns das *rote Kreuz* nach links aus dem Ort. Bei einer Scheune am Waldrand heißt es aufgepaßt: nicht nach links mit dem Fahrweg weiter, sondern geradeaus, auf dem linken von zwei Feldwegen. So kommen wir in einen schönen Talgrund, in dem uns das *rote Kreuz* nach rechts führt. Durch den Wald und übers freie Land nach **Pfaffendorf**. Das *rote Kreuz* leitet uns geradewegs durch den Ort und weiter übers freie Feld in den Wald. Zuletzt schlängelt sich ein geheimnisvolles Pfädchen zwischen überhängenden Felsen hinab ins **Kleinziegenfelder Tal**, das wir bei einer kleinen Marienkapelle erreichen. Nach links führt die oft unangenehm stark befahrene Straße zur Weihersmühle (dorthin auch wie bei Tour 4).

# 6  Giechburg und Felsenkapelle Gügel

Ein untrennbares Paar auf hohem Bergrücken

**Scheßlitz – Giechburg – Gügel – Kübelstein – Demmelsdorf – Scheßlitz**

**Ausgangsort:** Scheßlitz, Kleinstadt mit sehenswerter Fachwerkkulisse und Stadtkirche; an der B 505, Bahnverbindung mit Bamberg.
**Ausgangspunkt:** Stadtkirche.
**Weglänge:** Etwa 18 km.
**Gehzeiten:** Etwa 6 Std.
**Markierungen:** Main-Donau-Weg-Markierung bis kurz vor Neudorf; ab dort häufig wechselnde Markierungen.
**Anforderungen:** Lange Wanderung auf bequemen Wald- und Feldwegen. Wegführung nicht immer ganz offensichtlich.
**Einkehrmöglichkeiten:** Mehrere Ghs. in Scheßlitz (3 Brauereien!), Ghs. an der Giechburg und bei der Kapelle Gügel.
**Sehenswürdigkeiten:** Burgruine der Giech mit Burgfried aus dem 13. Jh.; die anstelle einer alten Burg auf einem Felsen erbaute Wallfahrtskapelle Gügel (um 1400).
**Kurzvariante:** Vom Parkplatz unterhalb der Giechburg zur Giech und Gügel und auf gleichem Weg zurück; etwa 1 Std.

Die romantische Kulisse der hoch auf einem Bergrücken liegenden Halbruine Giechburg und der benachbarten Kapelle Gügel lenkt schon von weitem die Aufmerksamkeit auf sich. Diesem »hohen Paar« gilt unser Besuch. Der Rückweg durch das Klingental bildet einen zweiten, stillen Höhepunkt der Tour.

Mit dem *»MD«* des Main-Donau-Wegs verlassen wir in etwas verzwickter Wegführung **Scheßlitz** (im einzelnen: von der Stadtkirche hinab zum Altenbach, dort nach links und rechts in den Gügelweg; links in den Kreuzschleiferweg, dann rechts in den Andechsweg und endlich auf einem Pfad der Giechburg zu). Ein querverlaufender Feldweg wird geradewegs gequert. An einer

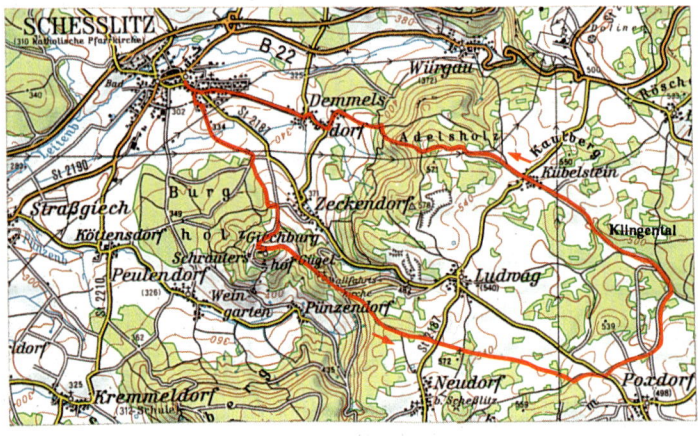

*Die Silhouette von Gügel (links) und Giech (rechts).*

Wegkapelle vorbei und über ein Bächlein gelangen wir auf einen Feldweg, auf dem das *MD*-Zeichen nach links weist. Bei einem Hochspannungsmast wird der Weg rechtshaltend zum Waldrand hin verlassen. Ein schmales Waldpfädchen bringt uns weiter. Bei einer Weidekoppel linkshaltend zum Wanderparkplatz unterhalb der Burg. Links der Fahrstraße zieht ein befestigter Pfad steil hinauf zur aussichtsreichen **Giech**. Die **Kapelle Gügel** ist schon in Sicht. Über den breiten, freien Bergsattel geht es dem interessanten Kirchlein zu. Von dort weist das *MD*-Zeichen weiter Richtung Neudorf: ein Stück die Straße hinab, über eine Querstraße und linkshaltend steil im Wald empor. Bald wird der Waldweg eben und führt geradeaus weiter.

Aufgepaßt: Wo der MD-Weg rechtshaltend den Wald verläßt und am Waldrand weiterführt, gehen wir geradewegs im Wald weiter. Bald verlassen auch wir den Wald und kommen zur Straße, die nach Neudorf führt. Hier kurz nach rechts und bei der nächsten Möglichkeit nach links in einen Feldweg einbiegen. Das *Hufeisen* des Rennsteigvereins führt uns nun an einem Kapellchen (Linde und Marterl) vorbei. Kurz durch den Wald und jenseits geradewegs auf Feldweg weiter. Kurz bevor dieser nach links zur Straße hin abzweigt, halten wir uns am Waldrand rechts und erreichen über ein schmales, asphaltiertes Sträßlein ebenfalls die Fahrstraße, die geradewegs überquert wird.

Nun führt uns der *schwarze Kreis* linkshaltend hinab ins Klingental. In der Mitte des schönen, weiten Talgrunds weist das *blaue Dreieck* weiter nach **Kübelstein**. Wo die Straße nach Ludwag sich nach links wendet, gehen wir geradeaus aus dem Dorf hinaus. Ein Ww. mit *rotem Strich* zeigt den Weg zur Giechburg an. Wir folgen ihm, bis er nach einer Wiese nach links abzweigt und gehen nun mit dem *gelben Kreuz* hinab nach **Demmelsdorf**. Von dort auf der Fahrstraße zurück nach **Scheßlitz**.

# 7 Paradiestal

Nomen est omen

**Stadelhofen – Treunitz – Paradiestal – Stadelhofen**

**Ausgangsort:** Stadelhofen, an der B 505.
**Ausgangspunkt:** Ein Asphaltsträßchen führt aus der Dorfmitte hinaus und unter der Schnellstraße hindurch. Jenseits der Unterführung Parkmöglichkeiten.
**Weglänge:** Etwa 10 km.
**Gehzeiten:** Etwa 3 Std.
**Markierung:** Blauer Kreis.
**Anforderungen:** Hinweg auf teils asphaltierten Wald- und Feldwegen. Rückweg Wiesenpfad.
**Einkehrmöglichkeiten:** Ghs. in Treunitz.

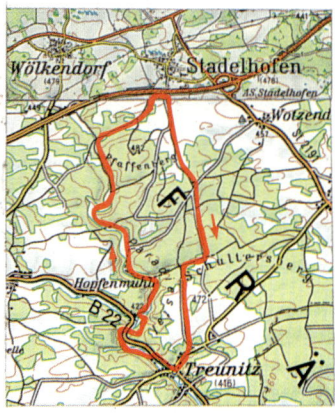

Der weite, stille Wiesengrund, das plätschernde Bächlein, die vielen großen und kleinen Felsen am Talrand – herrliche Plätze zum Spielen und Träumen für große und kleine Leute. Die wahrhaft paradiesische Ruhe läßt erahnen, wie schön die Täler der Fränkischen Schweiz einst waren, bevor das Auto kam. Und die nahe Schnellstraße macht deutlich, wie zerbrechlich auch dieses Kleinod ist ...

*Der stille Wiesengrund des Paradiestals, von Wald gerahmt ...*

*... und von überhängenden Felsen gesäumt.*

Wir folgen dem Asphaltsträßchen jenseits der Straßenunterführung geradeaus weiter in den Wald, wo wir erstmals auf den *blauen Kreis* treffen. Geradewegs durch den Wald. Kurz bevor der Weg den Wald endgültig verläßt, folgen wir bei einem Wegkreuz der Markierung nach rechts. Bald nähern wir uns auf einem Asphaltsträßchen **Treunitz**. Kurz bevor wir wieder den Wald erreichen, geht es kurz nach rechts und sogleich links hinab in den Ort. Wir verlassen den Ort auf der Straße nach rechts und gehen wiesentaufwärts. Nach einigen 100 Metern weist die Markierung nach links über die Wiesent. Der Weg zieht nun, parallel zur Straße, an Felsen vorbei. Bei einer Brücke (Parkplatz) überqueren wir die Straße abermals und gelangen jenseits ins **Paradiestal**. Nun immer im weiten, ruhigen Talgrund, mal an der rechten, mal an der linken Talseite weiter. Ganz am Ende des Tales macht der Weg eine leichte Linkskurve – und die nahe Schnellstraße ist schon zu sehen. Hier wenden wir uns nach rechts, steigen durch den Wald hinauf auf die Höhe (Kruxifix) und kommen so zum **Ausgangspunkt** zurück.

# 8 Freienfels, Wiesentfels und Krögelstein

Durch burgengekrönte Felsendörfer und idyllische Täler

**Hollfeld – Neidenstein – Freienfels – Wiesentfels – Krögelstein – Kaiserbachtal – Kainach – Kainachtal – Hollfeld**

**Ausgangsort:** Hollfeld, sehenswerter Ort mit mittelalterlichem Stadtbild im oberen Wiesenttal, an der B 22.
**Ausgangspunkt:** Vor dem Stadttor, das auf den sehenswerten Marktplatz (Fachwerkhäuser und Gangolfs-Turm) des alten Ortskerns in der Oberstadt führt, befindet sich ein Wanderparkplatz mit Wegtafel.
**Weglänge:** Etwa 18 km.
**Gehzeit:** Etwa 5–6 Std.
**Markierungen:** Hollfeld – Freienfels: gelbes Dreieck; Freienfels – Wiesentfels: rotes Kreuz; Wiesentfels – Hollfeld: blauer Punkt.

**Anforderungen:** Bequeme Wald- und Wiesenwege.
**Einkehrmöglichkeiten:** Ghs. in Freienfels und Hollfeld.
**Sehenswürdigkeiten:** Ruine Neidenstein (um 1480, im 30jährig. Krieg zerstört), Burg Freienfels (ca. 1300, um 1700 barocker Neubau), Burg Wiesentfels (nach Zerstörung 1525 neu erbaut), das Felsendorf Krögelstein, in dem sich einst auch eine Burg befand ...
**Hinweis:** Die Burgen und Schlösser befinden sich alle in Privatbesitz und sind nicht zu besichtigen.

Eine Tour, so recht, den Ruf der Fränkischen Schweiz als Land der Romantik zu begründen: In fast jedem Ort ein Schloß, eine Burg oder Ruine, meist von hohem Felsen grüßend. Dazwischen stille, felsumstandene Wiesentäler mit munter dahinplätschernden Bächen. Und natürlich das Felsennest Krögelstein, das seinem Namen alle Ehre macht – nirgends schmiegen sich die Häuser derart unter und in die teils überhängenden Felswände wie hier.

Vom historischen Marktplatz in **Hollfeld** folgen wir dem *gelben Dreieck* Rich-

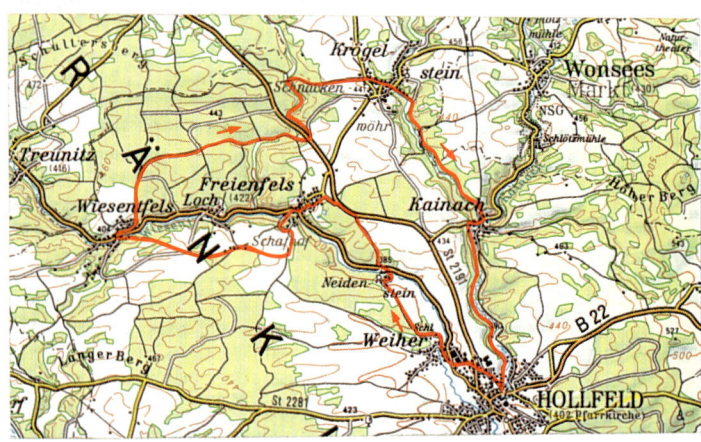

*Schloß Freienfels – ein barocker Neubau.*

tung Neidenstein. Durch eine Allee wird die Höhe erreicht, wo ein Ww. nach rechts Richtung **Neidenstein** weist. An der unscheinbaren Burgruine vorbei, durch den Ort hinab zur Straße und jenseits geradewegs auf einem Schottersträßchen hinauf zur schönen, alten Lindenallee, die uns auf die Straße nach **Freienfels** bringt. Linkshaltend erreichen wir den Ort mit seinem malerisch auf einem Felsstock errichteten Schloß.

Nun leitet uns das *rote Kreuz* auf der Ortsstraße hinab ins Tal, führt über die Wiesent und jenseits steil bergan aus dem Ort heraus. Es bringt uns linkshaltend hinauf auf die Höhe und biegt dann im rechten Winkel nach rechts ab. An einer Scheune geht es leicht linkshaltend weiter und später, bei einer Rechtskurve des Weges, geradeaus in den Wald hinein. Wir durchqueren den Wald und folgen dem *roten Kreuz* schließlich nach rechts hinab ins malerische Dörfchen **Wiesentfels** mit seinem mächtigen, auf hohem Fels aufragenden Schloß. Von nun an übernimmt der *blaue Punkt* die Führung: jenseits der Wiesent steil bergan zum Dorf hinaus und schließlich auf einem Forstweg geradewegs durch den Wald hinab zur Straße. Wir überqueren diese und folgen dem *blauen Punkt* nach links. Der Weg verläuft zunächst parallel zur Straße, schwenkt dann nach rechts und führt schließlich durch einen malerischen, felsenbestandenen Wiesengrund.

Wir erreichen das Felsennest **Krögelstein** und durchqueren es rechtshaltend. Nach den letzten Häusern weist uns ein Ww. nach rechts Richtung **Kainach**, das wir durch das malerische, von mächtigen Felsen gesäumte Kaiserbachtal erreichen. Nun nach rechts durch den Ort und am Ortsende mit dem *blauen Punkt* nach links in das weite, ruhige **Kainachtal**. Ein schönes, ebenes Pfädchen bringt uns zurück nach **Hollfeld**.

# 9 Kainachtal und Sanspareil

Zu einem barocken Felsengarten, der seinesgleichen sucht

**Hollfeld – Kainach – Wonsees – Burg Zwernitz und Sanspareil – Kleinhül – Schönfeld – Henriciturm – Hollfeld**

**Ausgangsort:** Hollfeld, sehenswerter Ort mit mittelalterlichem Stadtbild im oberen Wiesenttal, an der B 22.
**Ausgangspunkt:** Wanderparkplatz am Schwimmbad, am Eingang zum Kainachtal.
**Weglänge:** 20 km.
**Gehzeit:** 6–7 Std.
**Markierungen:** Gelber Punkt.
**Anforderungen:** Weite, mit der Besichtigung von Sanspareil tagesfüllende Wanderung auf bequemen Wald- und Feldwegen.
**Einkehrmöglichkeiten:** Ghs. in Wonsees und Schönfeld, Cafés in Sanspareil.
**Sehenswürdigkeiten:** Sanspareil mit Burg Zwernitz aus dem 12. Jh. (ihr fast 35 m hoher Burgfried bietet bemerkenswerten Ausblick!) und dem Morgenländischen Bau, einem Barockschlößchen im maurischen Stil am Eingang des Landschaftsgartens. Beides ist vom 15.4.–15.10. von 9.00–12.00 und von 13.20–17.00 zu besichtigen. Mo. geschlossen. Eintritt jeweils 1,50 DM. Die lohnende Führung durch den Morgenländischen Bau dauert etwa 20 Min. Der Felsengarten und das Naturtheater sind frei zugänglich.
**Kurzvariante:** Von Wonsees mit dem blauen Punkt durchs Wacholdertal nach Sanspareil, Rundgang durch den Landschaftsgarten und auf bez. Weg zurück nach Wonsees; etwa 2 Std.

*Der Morgenländische Bau.*

Bis in die Mitte des 18. Jahrhunderts hieß das kleine Nest am Rande der Fränkischen Schweiz schlicht Zwernitz wie die alte, mächtige Walpoten-Burg, die sich auf einem Felsen über den Dächern erhebt. Doch dann entdeckte die baufreudige Markgräfin Wilhelmine von Bayreuth den idyllischen Buchenhain hinter der Burg mit seinen eigenwilligen Felsformationen, Höhlen, Grotten und Nischen. Der natürliche Zauber des Ortes inspirierte sie dazu, hier die literarische Welt eines Romans über die Abenteuer des Odysseus und seines Sohns Telemach zu inszenieren. In den Jahren 1745–48 wurde so ein Schlößchen im morgenländischen Stil errichtet und ein Landschaftsgarten angelegt, bei dessen Anblick der Hof »*Ma foi, c'est sans pareil!*« ausgerufen haben soll. So hat das kleine Dörfchen seinen neuen Namen bekommen. Höhepunkt der weitläufigen Gartenanlage ist das antiken Bühnen nachempfundene Naturtheater, dessen kleiner Zuschauerraum sich in einer Durchgangshöhle befindet. Lassen Sie sich Zeit, durch diese imaginäre Welt zu bummeln, rasten Sie am Pansitz oder in der Aölusgrotte – und lassen Sie vor allem Ihrer Phantasie freien Lauf, denn zu Wilhelmines Zeiten sah das alles noch viel wunderbarer aus.

Vom **Wanderparkplatz** am Eingang des Kainachtals führt ein bequemer, mit *gelbem Punkt* markierter Weg nach **Kainach**. Kurz in den Ort, nach links, die Hauptstraße überqueren und gleich wieder nach links weiter. Nun wandern wir mit dem *gelben Punkt* zwischen einer Lindenallee und von Wacholderheide bestandenen Magerrasenhängen steil empor. Von der Hochfläche aus ist unser Ziel mit der Burg schon zu erkennen. Über die Höhe erreichen wir schließlich rechtshaltend **Wonsees**. Den eigentlichen Ortskern links liegen lassend, durchqueren wir den Ort und wandern durchs schöne Wacholdertal mit seinen Magerrasenhängen nach **Sanspareil**. Durch den Landschaftsgarten kann man auf einem etwa 2 Kilometer langen Rundweg promenieren.

Vom Morgenländischen Bau geht es rechts des Landschaftsgartens auf einer unasphaltierten Straße nach **Kleinhül**. Wir wandern durch den Ort und biegen am Ortsende nach links in einen Feldweg ein, der uns geradeaus zu einer großen, alten Linde (Naturdenkmal) bringt. Hier wenden wir uns nach rechts und wandern im **Erbachtal**, teils durch Wald, teils durch stille Wiesengründe, nach **Schönfeld**.

Im Ort nach rechts und am Ortsende linkshaltend auf der Straße nach Pilgersdorf weiter. Wir folgen der Straße steil empor. Beim Steinbruch und einer alten Linde biegen wir links von der Straße ab, halten uns gleich wieder rechts und kommen so auf einen Waldpfad, der uns schließlich mit einer scharfen Rechtskurve zum **Henriciturm** bringt. (Die Aussicht vom Turm ist leider zugewachsen.) Der Waldpfad mündet endlich in die alte Reichsstraße, einem Fahrweg, der links zurück nach **Hollfeld** führt.

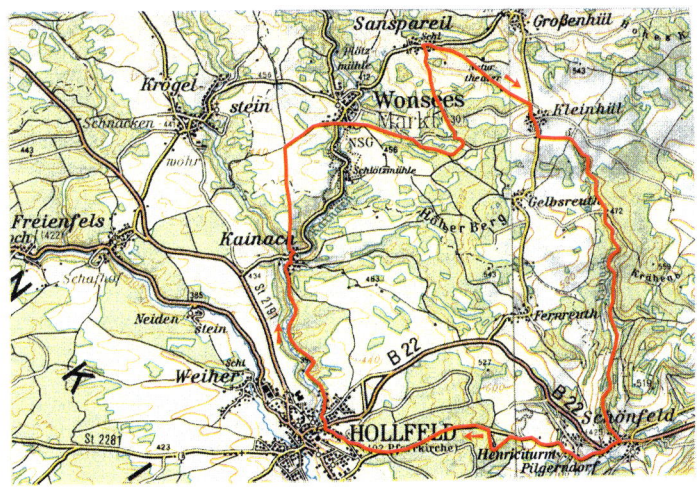

# 10 Neubürg, 587 m

Über sonnige Höhen zu einem aussichtsreichen Zeugenberg

**Waischenfeld – Neusig – Schöchleinsmühle – Neubürg – Wohnsgehaig – Löhlitz – Schafhof – Waischenfeld**

**Ausgangsort:** Waischenfeld, hübsches Fachwerkstädtchen im oberen Wiesenttal.
**Ausgangspunkt:** Parkplatz am Schwimmbad.
**Weglänge:** Etwa 17 km.
**Gehzeit:** 5–6 Std.
**Markierungen:** Waischenfeld – Schöchleinsmühle: gelbes Kreuz; bis Wohnsgehaig ohne Markierung; Wohnsgehaig – Waischenfeld: roter Punkt.
**Anforderungen:** Bequeme Feld- und Forstwege, ohne Orientierungsprobleme.
**Einkehrmöglichkeiten:** Ghs. in Waischenfeld, Wohnsgehaig und Löhlitz.
**Kurzvariante:** Vom Wanderparkplatz unterhalb der Neubürg in ¼ Std. auf die Hochfläche des Zeugenbergs.

Die Neubürg ist – ähnlich wie die Ehrenbürg (»Walberla«, siehe Tour 26) – ein sogenannter Zeugenberg, der sich als mächtiger isolierter Klotz aus seiner Umgebung erhebt, mit einem Gipfelplateau, größer als ein Fußballfeld, und einer wunderbaren Rundumsicht. Gerade im Herbst ist sie ein ideales Wanderziel – wenn man die schattigen Täler meidet und die letzten Sonnenstrahlen noch einmal, wie hier, auf den weiten Höhen und freien Fluren sucht. Dann verzaubern das milde Licht und der Dunst in den Tälern das weite Panorama, und Groß und Klein lassen bunte Drachen vom Gipfel in den Himmel steigen.

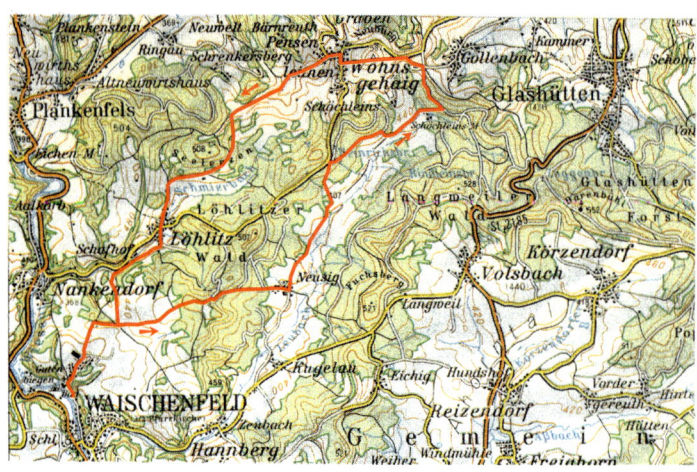

*Ideal zum Drachensteigenlassen – der Gipfel der Neubürg.*

Vom **Parkplatz** beim Schwimmbad folgen wir dem *gelben Kreuz* auf der Straße leicht bergan, bis ein Ww. nach links weist. Ein Feldweg bringt uns zum Wald und führt nach rechts am Waldrand entlang weiter. Immer geradeaus erreichen wir **Neusig**. Im Ort weist uns das *gelbe Kreuz* nach links ins schöne Zeubachtal. Nach etwa 1½ Kilometern biegen wir an einem Waldeck nach links ab und wandern bergan bis zur Straße. Hier geht es auf dem ersten Forstweg nach rechts. Das *gelbe Kreuz* bringt uns so zurück ins Tal und dort weiter bis zur malerisch gelegenen **Schöchleinsmühle**. Etwa 250 Meter nach dieser Einöde treffen wir auf einen Forstweg, dem wir nach links folgen. Er bringt uns zur Straße Wohnsgehaig – Frankenhaag. Hier kurz nach links, dann linkshaltend zwischen einem Häuschen und einem eingezäunten Grundstück hindurch auf einem unmarkierten Weg hinauf auf den plateauartigen Gipfel der **Neubürg**.
Auf der westlichen Seite dieses Zeugenbergs führt uns ein Pfad hinab nach **Wohnsgehaig**. Im Ort nach rechts, dann den Schildern nach links (Richtung Mengersdorf) folgen. Kurz vor Ortsende finden wir einen Ww. mit dem *roten Punkt*, der uns auf dem Rückweg nach Waischenfeld begleitet: Wir verlassen die Straße und wandern auf einem Feldweg übers freie Land. Nach knapp 2 Kilometern weist uns ein Schild nach links in den Wald. Hinab zu einer Lichtung und rechts im Wald weiter. Kurz darauf verlassen wir den Wald und wandern ins schon sichtbare **Löhlitz**. Die Straße bringt uns rechts nach **Schafhof**. Hier führt ein Forstweg nach links bergan und weiter bis zu einer Scheune, wo wir wieder auf unseren bekannten Herweg treffen. Auf diesem zurück ins bereits sichtbare **Waischenfeld**.

# 11 Über die Weiße Marter zur Burg Rabeneck

Aussichtsreicher Weg zum kühnsten Ritternest im Wiesenttal

**Doos – Köttweinsdorf – Weiße Marter – Eichenbirkig – Burg Rabeneck – Rabenecker Mühle – Doos**

**Ausgangspunkt:** Doos im Wiesenttal zwischen Waischenfeld und Behringersmühle.
**Weglänge:** Etwa 10 km.
**Gehzeit:** Etwa 3 Std.
**Markierungen:** Von Doos mit dem gelben Kreis bis zur Markierung rot-weißes Rechteck, mit ihr bis Eichenbirkig; ausgeschilderter Weg zur Burg Rabeneck. Von dort mit der »7« (im Dreieck) hinab ins Wiesenttal und mit dem gelben Kreuz zurück nach Doos.
**Anforderungen:** Überwiegend bequeme Feld- und Waldwege, am Anfang und Ende schmale, steile Waldpfädchen, die bei Nässe rutschig werden können.
**Einkehrmöglichkeiten:** Ghs. in Doos und Köttweinsdorf. Oder auf der Straße von Eichenbirkig zum Gut Schönhof (Ghs.) und von dort auf bez. Weg zur Burg Rabeneck.
**Sehenswürdigkeiten:** Die 1767 entstandene Weiße Marter, einer der prächtigsten fränkischen Bildstöcke, deren Gestaltung dem Gnadenbild der Wallfahrtsbasilika Gößweinstein nachempfunden wurde. Burg Rabeneck aus dem 13. Jh. mit Burgkapelle St Bartholomäus von 1410, 1733 barock ausgestaltet; beides bei Anwesenheit des Burgherrn zu besichtigen.
**Kurzvariante:** Wer nur die Burg Rabeneck besuchen will, startet am besten am Wanderparkplatz, der sich etwa 1 km wiesentaufwärts der Rabenecker Mühle befindet. Von dort mit dem gelben Strich zur Rabenecker Mühle und auf dem als Abstiegsweg beschriebenen Weg hinauf zur Burg.

Zwischen Waischenfeld und Doos erstreckt sich der vielleicht schönste Abschnitt des Wiesenttals. Mächtige, oft halb im Wald versteckte Felswände säumen zu beiden Seiten das Tal, am Ufer des Flusses träumen alte Mühlen, und hoch über dem Grund erhebt sich der kühne Ritterhorst der Rabeneck. Die Burg scheint förmlich aus dem Fels emporzuwachsen, und ihre kleine Kapelle schwebt auf einem Überhang über dem Tal. Unser Weg dorthin führt über sonnige Höhen an der Weißen Marter vorbei. Dieser prunkvolle Bildstock wurde einst von einem Pilger gestiftet, als er nach langem Fußmarsch Gößweinstein mit seiner Wallfahrtsbasilika endlich zum ersten Mal erblickte. Der Ausblick ist dort tatsächlich betörend schön, zumal die Burg Gößweinstein wie eine Gralsburg weiß aus den Wäldern schimmert.

Beim alten, nicht mehr betriebenen Schwimmbad von **Doos** überqueren wir mit dem *gelben Kreis* die Wiesent und gehen jenseits etwa 50 Meter auf dem Weg Richtung Schottersmühle, bis wir auf unsere Markierung, das *diagonal halbierte rot-weiße Rechteck*, treffen. Es weist uns nach links auf einem

*Romantisch über dem Talgrund gelegen – die Burg Rabeneck.*

schmalen Pfad durch felsenbestandenen Wald bergauf. Linkshaltend erreichen wir eine Forststraße, der wir etwa 20 Meter folgen, um sie wieder nach rechts auf einen schmalen Waldpfad zu verlassen. Der Pfad zieht weiter bergauf und bringt uns abermals auf einen Forstweg, dem wir nun geradeaus folgen. Auf der Höhe angelangt, verlassen wir den Wald und wandern nun auf einem Feldweg geradeaus weiter, zunächst an einer schönen Haselhecke entlang, dann übers freie Feld, bis nach **Köttweinsdorf**. Kurz bevor wir den Ort erreichen, tut sich ein schöner Ausblick zur Hohenmirsberger Platte (Tour 17) auf. Die Markierung weist uns rechtshaltend durch Köttweinsdorf, das wir auf der Straße nach Unterailsfeld verlassen. Nach einigen hundert Metern biegen wir nach rechts in einen Feldweg ein, der zur **Weißen Marter** (Rastbänke) führt.

Wir verlassen diesen schönen Platz nach links Richtung Eichenbirkig. Ein Feldweg bringt uns hinab zur Straße, die wir geradewegs überqueren. Jenseits wieder bergauf, bis wir auf der Höhe **Eichenbirkig** erreichen. In Ortsmitte weist eine Wandertafel nach links zur **Burg Rabeneck**: Zunächst auf der Straße Richtung Köttweinsdorf, bis ein Ww. nach rechts weist. Der Forstweg bringt uns direkt zur Burg.

Wir verlassen dieses verwegene Felsennest unter der Burgbrücke nach links und steigen auf dem steilen, schmalen, mit der »7« markierten Waldpfad hinab ins Wiesenttal. Ein nach rechts abzweigender Pfad führt zu einem Aussichtspunkt (mit Grotte und Felsentor), von dem aus die kühne Anlage dieses Ritternests erst richtig zu bewundern ist. Bei der **Rabenecker Mühle** erreichen wir das Wiesenttal. Talabwärts führt ein gemütliches Pfädchen nach **Doos** zurück.

# 12 Unteres Aufseßtal

Vom schönsten Wiesengrund hinauf auf weite Höhen

## Doos – Kuchenmühle – Wüstenstein – Siegritzberg – Hubenberg – Saugendorf – Rabenecker Mühle – Doos

**Ausgangspunkt:** Doos (Gsh. und Parkplatz), zwischen Waischenfeld und Behringersmühle, an der Mündung der Aufseß in die Wiesent.
**Weglänge:** Etwa 19 km.
**Gehzeit:** Etwa 6 Std.
**Markierungen:** Von Doos bis kurz nach Wüstenstein: blauer und gelber Kreis; danach mit gelbem Punkt durch den Steingraben; Siegritzberg – Hubenberg: blauer Querstrich; ohne durchgehende Markierung nach Saugendorf; Saugendorf – Rabenecker Mühle: roter Kreis; Rabenecker Mühle – Doos: gelber Querstrich.
**Anforderungen:** Weite Wanderung, die in den Talbereichen auf bequemen Wald- und Wiesenpfädchen verläuft, auf der Höhe auf breiten Feld- und Forstwegen. Der Aufstieg durch den Steingraben erfordert etwas Orientierungsgeschick.
**Einkehrmöglichkeiten:** Ghs. in Doos, an der Kuchenmühle, in Wüstenstein (Brauerei-Gasthof Schoberth), Siegritzberg, Hubenberg und Saugendorf.
**Sehenswürdigkeiten:** Ausblick auf Burg Rabeneck, zu der man einen kurzen (¼ Std.), aber steilen Abstecher von der Rabenecker Mühle aus machen kann: wenige Meter wiesenabwärts der Mühle zweigt ein steiler, mit »7« bezeichneter Pfad nach links ab (siehe Tour 11), der direkt zur Burg führt.
**Kurzvariante:** Auf dem bequemen, ebenen Talpfädchen bis nach Wüstenstein bummeln und auf gleichem Weg wieder zurück.
**Hinweis:** Meiden Sie nach Möglichkeit das Wochenende, der Erholungswert des Tales ist längst bekannt.

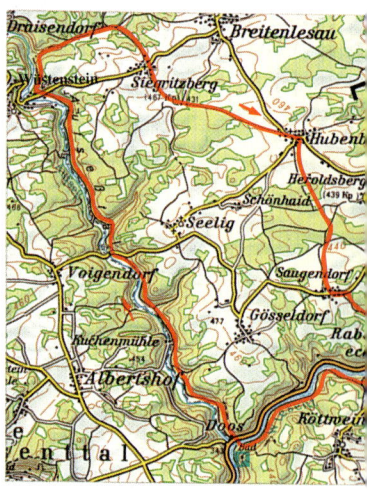

Kaum ein Tal verwirklicht so die romantische Vorstellung von »einem kühlen Grunde« wie das Untere Aufseßtal von Doos bis Wüstenstein: das lichte, stille Wiesental, eingerahmt von Wäldern, darin der munter dahinmäandrierende kleine Fluß, mit Schilf und kleinen Wehren, die ehemalige Mühle, deren Mühlrad sogar wieder klappert. Ein wenig weltenfern und sehr idyllisch – falls man das Glück hat, mit nur wenigen Zeitgenossen auf diesem weichen, federleichten Pfädchen dort entlangzuträumen. Anders der Rückweg über die Höhen: Es wird karger dort oben – und weiter. Dort wird man so gut wie immer alleine unterwegs sein.

Von **Doos** führt uns der *blaue* und der *gelbe Kreis* stets an der Aufseß entlang talaufwärts, an der idyllisch gelegenen **Kuchenmühle** vorbei und weiter bis nach **Wüstenstein**. Am Ortseingang wenden wir uns kurz nach links und werden sogleich von der Markierung wieder nach rechts ins Tal gewiesen. Etwa 1 Kilometer nach Wüstenstein wird das Tal nach rechts verlassen: Ein mit *gelbem Punkt* und *schwarzem Kreis* bezeichneter Pfad führt steil im Wald hinauf auf eine Lichtung, wo wir auf einen Feldweg stoßen, dem wir im Bogen nach links folgen. Aufgepaßt: Der *gelbe Punkt* führt uns nun auf ein schmales, verwachsenes Pfädchen, das sich am linken Rand einer Lichtung (»Steingraben«) entlangzieht. Am Ende des Steingrabens verzweigt sich die Lichtung. Wir wandern nun ohne Markierung auf dem nach rechts führenden Feldweg hinauf nach **Siegritzberg**. Dort weist der *blaue Querstrich* am Kirchlein nach links und begleitet uns auf bequemen Feld- und Waldwegen über die Höhe nach **Hubenberg**. In der Ortsmitte halten wir uns rechts Richtung Seelig. Am Ortsende weist der *blaue Strich* nach links auf einen Feldweg. Auf Feld- und Forstwegen wandern wir, bald ohne Markierung, immer geradeaus nach Saugendorf. In **Saugendorf** wenden wir uns nach links und finden am Ortsende den *roten Kreis*, der uns steil hinab zur **Rabenecker Mühle** führt. Kurz bevor wir das Wiesenttal erreichen, gibt der Wald unvermittelt den Blick auf die kühne Anlage der Burg Rabeneck frei. Bei der malerischen Mühle wird die Straße und die Wiesent überquert. Ein bequemer Pfad führt nun wiesentabwärts durch diesen besonders eindrucksvollen Talabschnitt (siehe Tour 11) zurück nach **Doos**.

*Der Pfad durchs Aufseßtal – abwechslungsreich und sehr idyllisch.*

# 13 Rund um das Obere Aufseßtal

Zwei Burgen und drei Brauereien in einer großen »Acht«

**Draisendorf – Hochstahl – Oberaufseß – Hugoturm – Unteraufseß – Heckenhof – Draisendorf**

**Ausgangsort:** Draisendorf, etwa 5 km talabwärts von Aufseß gelegen.
**Ausgangspunkt:** Etwa 1 km talaufwärts von Draisendorf befindet sich auf der rechten Straßenseite ein Parkplatz.
**Weglänge:** Etwa 14 km.
**Gehzeit:** Etwa 4½ Std.
**Markierungen:** Häufig wechselnd.
**Anforderungen:** Bequeme, gut bezeichnete Feldwege. Mehrfaches Auf und Ab.
**Einkehrmöglichkeiten:** Brauerei-Gasthof Reichold in Hochstahl, mehrere Ghs. und Brauerei-Gasthof Sonnenhof Rothenbach in Unteraufseß, Kathi-Bräu in Heckenhof – mit der über 80jährigen Brauerin Kathi bereits ein Mythos unter fränkischen Bierfreunden.
**Sehenswürdigkeiten:** Schloß Oberaufseß, 1690 erbaut (nicht zu besichtigen). Burg Unteraufseß mit Burgfried und Meingoz-Steinhaus aus dem 12. Jh. sowie Burgkapelle mit Schnitzaltar aus dem 16. Jh.; einstündige Schloßführung Dienstag – Sonntag um 11.00, 14.00, 16.00 und 17.00 Uhr, Erwachsene 5,– DM, Kinder 3,– DM.
**Kurzvariante:** Vom Ausgangspunkt mit dem gelben Punkt nach Heckenhof, weiter nach Unteraufseß (grüner Strich) und von dort mit dem gelben Kreuz und MD-Zeichen im Tal zurück zum Ausgangspunkt; ca. 9 km.

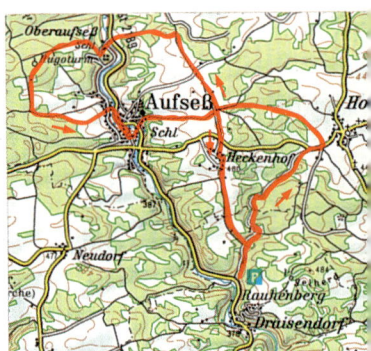

Aufseß mit seiner prächtigen Burg bildete über Jahrhunderte den Stammsitz der einst so mächtigen Freiherren von Aufseß. Ende des 17. Jahrhunderts zerstritten sich die beiden Brüder Friedrich und Karl Heinrich so heftig, daß der eine auszog, eine neues Schloß zu gründen. Oberaufseß entstand. Was die beiden Streithähne allerdings nicht davon abhielt, sich anläßlich eines Besuchs gegenseitig eine Portion Schrot in den Hintern zu jagen. Den Wanderer von heute plagen andere Gedanken: Wo soll er angesichts der vielen Brauereien die erste Einkehr halten?

Am Ausgangspunkt mündet das **Hochstahler Tal**, durch das wir nach Hochstahl wandern: Zunächst folgen wir dem *schwarzen Kreis* Richtung Rauhenberg in den Wald hinein. Bald zweigt der gelbe Punkt nach links Richtung Heckenhof ab (siehe Variante), wir wandern aber geradeaus weiter und bleiben bei einer Wegverzweigung auf dem linken, unteren Weg, wo wir bald auf das *diagonal geteilte, rot-weiße Rechteck* und den *gelben Kreis* treffen. Das romantische Pfädchen führt im stillen Talgrund immer geradeaus auf die Straße nach **Hochstahl**. Noch vor Ortsbeginn weist der *rote Punkt* bei einem

*Unteraufseß – vom historischen Burgkomplex geprägt.*

großen Kruxifix nach links und führt auf bequemen, ebenen Feldwegen durch Wald und über freie, sonnige Flächen bis zu einem asphaltierten Fahrsträßchen. Hier geht's mit dem *roten Punkt* nach rechts. Etwa 100 Meter später verzweigt sich das Sträßchen, und wir wählen nun den linken, unasphaltierten Weg. Auf der Höhe eines Sportplatzes überschreiten wir geradeaus einen Querweg und folgen dem Feldweg weiter bis zum Waldrand. Dort weist der *rote Punkt* und das *diagonal geteilte, rot-weiße Rechteck* scharf nach links. Der Weg bringt uns hinab zur Straße durchs Aufseßtal. Jenseits geht es gerade und steil empor zum **Schloß Oberaufseß**. Unser Weg führt rechts vom Schloß durch eine Allee weiter. Am Ende der Allee weist ein Ww. schräg linkshaltend zum **Hugoturm**, der leider nicht mehr bestiegen werden kann. Ein Pfädchen führt an ihm vorbei. Wo das diagonal geteilte, rot-weiße Rechteck nach rechts abzweigt, halten wir uns mit dem *blauen Kreis* nach links und wandern nun immer geradeaus, bis wir auf einen querverlaufenden Waldweg stoßen, der uns nach links, am ehemaligen jüdischen Friedhof vorbei, hinab nach **Unteraufseß** bringt.

Dort am besten am Ghs. Stern gleich rechts in die Brunnengasse und über einen Spielplatz und am Burggraben entlang auf romantischem Pfädchen hinauf zur Burg. Der Ort wird schließlich am gegenüberliegenden Hang verlassen: Vom Brauerei-Gasthof Sonnenhof weist uns der *grüne Strich* Richtung **Heckenhof**. Wo sich der Feldweg gabelt, folgen wir dem Ww. nach rechts in den kleinen Ort mit der bekannten Brauerei. Am Ortsende zeigt schließlich das *diagonal geteilte, rot-weiße Dreieck* linkshaltend hinab ins **Hochstahler Tal**, wo wir zum guten Schluß auf unseren Herweg treffen.

# 14 Riesenburg, Quackenschloß und Oswaldhöhle

Im Auf und Ab zu den Höhlenruinen über dem Wiesentknie

**Riesenburg – Engelhardsberg – Adlerstein – Quackenschloß – Muggendorf – Oswaldhöhle – Hohes Kreuz – Engelhardsberg – Riesenburg**

**Ausgangspunkt:** Auf der Straße von Behringersmühle nach Waischenfeld befindet sich kurz vor Doos der Wanderparkplatz »Versturzhöhle Riesenburg«.
**Weglänge:** Etwa 10 km.
**Gehzeit:** 3–4 Std.
**Markierungen:** Riesenburg – Muggendorf: gelber Kreis; Muggendorf – Engelhardsberg: braunes Kreuz; Engelhardsberg – Riesenburg: roter Kreis.
**Anforderungen:** Überwiegend schmale Waldpfade und häufiges, manchmal steiles Bergauf – Bergab. Der »Felsensteig« von Muggendorf zur Oswaldhöhle, ein schmales, felsdurchsetztes Pfädchen am stellenweise ausgesetzten Kamm, verlangt Trittsicherheit.
**Einkehrmöglichkeiten:** Ghs. (mit empfehlenswerten vegetarischen Gerichten) in Engelhardsberg, mehrere Ghs. in Muggendorf (Abstecher ins Ortszentrum).

**Sehenswürdigkeiten:** Versturzhöhle Riesenburg: Das ehemalige Höhlendach ist eingestürzt, so daß die Höhle heute einen riesenhaften Trichter bildet, der mit Geländern und Treppen zugänglich gemacht wurde. Hauptattraktion ist die begehbare Felsenbrücke in eindrucksvoller Höhe.

Die begehbare Höhlenruine der Riesenburg bildet den großartigen Auftakt zu einer Wanderung, bei der sich ein Höh(l)e(n)punkt an den anderen reiht: der aussichtsreiche Felsturm des Adlersteins, die verwunschen im Wald liegende Höhlenruine des Quackenschlosses und natürlich die Oswaldhöhle, eine Durchgangshöhle, die man leicht gebeugt gerade noch mit dem einfallenden Tageslicht durchwandern kann. Nicht zu vergessen das Hohe Kreuz mit seinem Ausblick über die weite, ruhige Kuppenlandschaft der Frankenalb!
Der *gelbe Kreis* führt vom Parkplatz durch das Gelände der **Riesenburg** und auf bequemem, aber steilem Weg weiter hinauf nach **Engelhardsberg**. In der Ortsmitte wenden wir uns nach links. Beim ersten Feldweg nach dem Ortsende weist uns ein Ww. nach rechts. Nach einem Aussiedlerhof biegen wir wieder nach links ab. An einem Rastplatz vorbei erreichen wir den Wald und wandern auf einem romantischen Waldwurzelpfädchen dem **Adlerstein** entgegen. Eine Eisenleiter erleichtert den Aufstieg auf diesen aussichtsreichen, kleinen Felsturm. Das schöne Pfädchen zieht nun eben am Kamm entlang weiter zum **Quackenschloß**. Diese moosüberzogene Felsenstadt mit hohem Felsentor ist die Ruine eines ehemaligen Höhlensystems. Von hier wandern wir rechtshaltend bergab, immer noch vom *gelben Kreis* geführt. Wo der Weg

*Appetitlich – die »goldenen« Seiten des Herbstes.*

einen Wassergraben überquert (»Zwecklesgraben«), biegen wir nach links ab, dem Wasserlauf folgend. Ein bequemer Hangweg bringt uns nach **Muggendorf**.
Ohne den Ort zu berühren, wenden wir uns auf der Straße nach rechts und kommen zu einer Wandertafel. Nun wird uns das *braune Kreuz* bis zurück nach Engelhardsberg begleiten: Wir zweigen rechts von der Straße ab und kommen so zum anfangs mit Stufen befestigten »Felsensteig«. Der schmale Steig zieht steil am bewaldeten Kamm hinauf zur Oswaldhöhle. Malerische Ausblicke ins Untere Wiesenttal und auf die Ruine Neideck laden zum Verschnaufen ein. Die **Oswaldhöhle** befindet sich unterhalb einer mit Eisenstäben versicherten Aussichtsplattform, von der aus Treppenstufen zu ihr hinunterführen. Das *braune Kreuz* bringt uns weiter zum **Hohen Kreuz** (522 m) mit seinem kleinen Aussichtsturm. Deutlich heben sich die Hohenmirsberger Platte (Tour 17) und der Zeugenberg der Neubürg (Tour 10) aus der Kuppenalb ab.
Nun geht's auf einem gepflasterten Weg steil bergab, unten kurz nach links und sogleich wieder nach rechts auf einen Pfad, der durch ein Waldstück führt. Ein Feldweg bringt uns in das bereits sichtbare **Engelhardsberg**. Gleich bei den ersten Häusern zeigt der *rote Kreis* links von der Straße weg bergauf. Am Waldrand entlang kommen wir auf einen Pfad, der durch den Wald hinab auf einen Forstweg führt. Auf diesem kurz nach links und sogleich wieder rechts auf einem Pfädchen weiter. Ein Schild verspricht einen Wiesenttalblick – der leider zugewachsen ist. Der *rote Kreis* bringt uns so ohne Aussicht steil ins Tal hinab und zur **Riesenburg** zurück.

# 15 Von Gößweinstein zur Esperhöhle

Eine der großartigsten Höhlenruinen Frankens

**Gößweinstein – Leutzdorf – Esperhöhle – Burggaillenreuth – Sachsenmühle – Stempfermühle – Gößweinstein**

**Ausgangsort:** Gößweinstein, bekannter Wallfahrtsort hoch über dem Wiesenknie.
**Ausgangspunkt:** Ortsmitte von Gößweinstein. Kurz vor dem westlichen Ortsende befindet sich ein gebührenpflichtiger Großparkplatz (3,– DM pro Tag).
**Weglänge:** Etwa 12 km.
**Gehzeit:** 3½–4 Std.
**Markierungen:** Gößweinstein – Burggaillenreuth: blauer Senkrechtstrich; Burggaillenreuth – Stempfermühle: rotes Kreuz. Stempfermühle – Gößweinstein: blauer Punkt.
**Anforderungen:** Überwiegend bequeme Wald- und Feldwege; etwa 1 km Fahrstraße bis Leutzdorf; steiler Pfad von der Stempfermühle zurück nach Gößweinstein. Auf dem Höhlengelände ist Vorsicht geboten: Absturzgefahr!
**Einkehrmöglichkeiten:** Zahlreiche Ghs. in Gößweinstein, Ghs. in Burggaillenreuth, an der Sachsen- und an der Stempfermühle.
**Sehenswürdigkeiten:** Wallfahrtsbasilika Gößweinstein, 1730–39 im Auftrag des Bamberger Fürstbischofs Friedrich Karl von Schönborn nach Plänen von Balthasar Neumann errichtet; reiche barocke Innenausstattung. Burg Gößweinstein (»Gozwins Stein«), um 1070 erbaut, damit eine der ältesten Burgen des Landes. Die romantische Zinnen- und Giebelfassade stammt aus dem 19. Jh. Besichtigung von Ostern bis Mitte Oktober täglich 10.00–18.00 Uhr. Lohnender Aussichtspunkt! Die malerische Burg in Burggaillenreuth (Ghs.).
**Kurzvarianten:** 1. Direkt an der Wallfahrtsbasilika zeigt ein Ww. den Weg zum Kreuzberg und zum Gernerfelsen an, von denen sich ein malerischer Blick auf den Ort bietet.
2. Am Schwimmbad beginnt die »Brückneranlage«, ein an Felsen entlangführender Steig hinab nach Behringersmühle, und der aussichtsreiche Rundweg zum Sieghardsfelsen (mit schwarzem Kreis bezeichnet).

*Der Wallfahrtsort Gößweinstein.*

**Hinweise:** Taschenlampe mitnehmen! Die Befahrung der Esperhöhle ist von 1.10.–15.4. verboten! Der an sich romantische Rückweg im Wiesental ist an Wochenenden durch den Lärm des Ausflugsverkehrs beeinträchtigt.

Im Zentrum dieser Wanderung steht der Besuch der Esperhöhle, eine Versturzhöhle ähnlich der Riesenburg (siehe Tour 14), die jedoch durch ihre versteckte Lage und ihre vielen kleinen Nebenhöhlen, Nischen und Grotten weit geheimnisvoller wirkt. Beeindruckend (und mit Vorsicht zu genießen) ist vor allem das sogenannte »Klingloch«, ein etwa 20 Meter tiefer Schacht, der ziemlich unvermittelt ins Innere des Berges zielt. Der Rückweg im Wiesenttal und durch den Eibenwald führt durch eine großartige Felsenkulisse.

Wir verlassen den Wallfahrtsort auf der Straße Richtung Sachsenmühle und wenden uns kurz vor dem Ortsende nach links empor. Ein schöner, mit dem *blauen Senkrechtstrich* markierter Pfad führt wechselweise am Waldrand und in lichtem Wald entlang zu einer Lichtung, die wir linkshaltend überqueren. Nun heißt es auf die Markierung achten: Sie bringt uns rechtshaltend am Waldrand entlang weiter zur Straße, die rechts nach **Leutzdorf** führt.

Im Ort biegen wir am Löschweiher rechts ab und wandern mit dem *blauen Senkrechtstrich* hinter dem Weiher auf einem Feldweg weiter. Dieser teilt sich alsbald: Wir wählen den linken, bergabwärts führenden Weg. In der kleinen Talsenke zweigt unser Weg nach links ab und führt steil, an kleinen Felsen und Nischen vorbei, bergauf zu einer Rastbank. Etwa 150 Meter weiter macht der Weg einen Linksbogen – hier zweigt nach rechts ein unbezeichneter Pfad zum weitverzweigten Felsenlabyrinth der Esperhöhle ab. Gleich kündigen einige Grotten den großen Höhlentrichter an.

Der Weiterweg nach Burggaillenreuth führt zunächst zurück auf den Hauptweg und schließlich am Waldrand nach rechts. An einer Weggabelung halten wir uns abermals rechts. Etwa 500 Meter vor **Burggaillenreuth** ist ein bez. Abstecher zum aussichtsreichen Schloßberg mit seinem keltischen Ringwall möglich. Wir durchqueren den Ort bis zu seiner malerischen kleinen Burg (Wandertafel). Nach rechts führt in mehreren Serpentinen ein Schotterweg steil ins Wiesenttal hinab. Ein mit *rotem Kreuz* markierter Forstweg führt an den Gleisen der Museumsbahn entlang nach rechts (talaufwärts) zur **Sachsenmühle**. Jenseits der Straße begleitet nun ein Pfädchen die Museumsbahnlinie weiter bis zur **Stempfermühle**. Am linken und rechten Talrand leuchten hell mächtige Felsen aus dem Wald, vor uns grüßen die weißen Zinnen der Burg Gößweinstein ins Tal herunter. Von der Stempfermühle führt ein mit *blauem Punkt* markierter Pfad in großen Serpentinen nach rechts durch das Naturschutzgebiet Eibenwald bergauf. Nun kann man entweder dem *gelben Kreuz* bis nach Gößweinstein folgen oder dem steileren *blauen Punkt* auf dem oberen Weg. Der *blaue Punkt* führt an der aufregend schmal aufragenden Felsscheibe des »Napoleon« vorbei. Der Felsensteig der »Schmittanlage« führt von hier linkshaltend durch eine eindrucksvolle Felsenwelt direkt ins Zentrum von **Gößweinstein** zurück.

# 16 Burg Rabenstein und Sophienhöhle

Auf romantischen Pfaden durchs begeisternd schöne Ailsbachtal

**Tüchersfeld – Kohlstein – Hungenberg – Unterailsfeld – Oberailsfeld – Rennerfelsen – Theresienruh – Neumühle – Burg Rabenstein – Sophienhöhle – Ludwigshöhle – Zauppenberg – Kleinlesau – Tüchersfeld**

**Ausgangsort:** Das »Felsendorf« Tüchersfeld im Püttlachtal, ein Wahrzeichen der Fränkischen Schweiz (siehe Titelbild), an der B 470 zwischen Pottenstein und Behringersmühle; Sitz des Fränkischen-Schweiz-Museums.

**Ausgangspunkt:** Am nördlichen Ortsausgang von Tüchersfeld befindet sich ein Wanderparkplatz.

**Weglänge:** Etwa 18 km.

**Gehzeit:** Etwa 6 Std.

**Markierungen:** Tüchersfeld – Oberailsfeld: grüner Punkt; Oberailsfeld – Neumühle: blaues Kreuz; bez. Wege zur Sophienhöhle, Kapelle Klausstein u. Ludwigshöhle; Zauppenberg – Tüchersfeld: grüner Punkt.

**Anforderungen:** Weite Wanderung mit häufigem Auf und Ab. Im Bereich des Ailsbachtals schmale, weiche Pfade, ansonsten überwiegend Feldwege, dazwischen kurze Strecken auf wenig befahrenen Straßen.

**Einkehrmöglichkeiten:** Mehrere Ghs. in Tüchersfeld, Ghs. in Kohlstein, Brauerei-Gasthof Held in Oberailsfeld, Ghs. Neumühle, Ghs. in Kleinlesau.

**Sehenswürdigkeiten:** Fränkische-Schweiz-Museum im ehemaligen Judenhof in Tüchersfeld, mit geologischer, historischer und volkskundlicher Abteilung, geöffnet vom 1.4.–30.10, Dienstag – Sonntag von 10.00–17.00 Uhr (im Winter nur sonntags von 13.30–17.00 Uhr), Eintritt 3,– DM. Sophienhöhle, eine der schönsten Tropfsteinhöhlen Frankens, zu besichtigen von April – Oktober täglich von 10.00–17.00 Uhr, halbstündige Führungen, Eintritt: 4,– DM. Die Burg Rabenstein (1180 gegründet, im 16. Jh. umgebaut, im 19. Jh. – bereits als Halbruine – umgestaltet) ist noch zu besichtigen. Kapelle Klausstein (im 14. Jh. genannt), ehemalige Burgkapelle der nicht mehr existierenden Burg Ahorn.

**Kurzvariante:** Von Oberailsfeld mit dem blauen Kreuz bis zur Ludwigshöhle, auf bez. Weg weiter zur Sophienhöhle u. Kapelle Klausstein; von der Burg Rabenstein mit dem grünen Punkt über die Höhe zurück nach Oberailsfeld; etwa 8 km.

**Hinweise:** 1. Vom Wanderparkplatz in Tüchersfeld führt ein kurzer, aber steiler und versicherter Steig auf den 420 m hohen Fahnenstein, auf dem Mitte des 13. Jh. die obere der beiden Tüchersfelder Burgen errichtet wurde. Den Ausblick von dort auf den in die Ruinen der Unterburg gebauten Judenhof und den Ort sollte man sich auf keinen Fall entgehen lassen.

2. In Kohlstein wird übrigens noch das typisch fränkische Holzofenbrot im alten Backhaus gebacken (die Backtage kann man beim Fremdenverkehrsbüro erfragen).

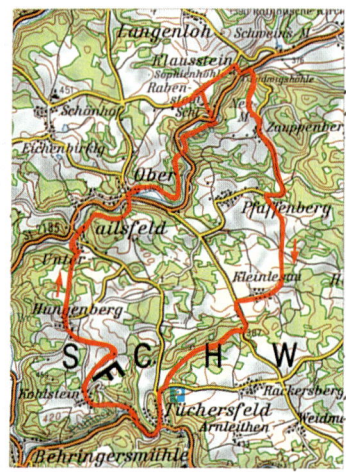

*Blick vom Fahnenstein auf den ehemaligen Judenhof in Tüchersfeld.*

Wollte man eine typisch romantische Landschaft erfinden, könnte sie nicht anders als das Ailsbachtal sein. Zentrum dieses Gesamtkunstwerks ist die Burg Rabenstein, die sich mit Macht auf einem Felsen hoch über dem schmalen Talgrund erhebt. Ihr Bild begleitet den Wanderer in ständig neuen Perspektiven und Beleuchtungen, hier taucht es unvermittelt aus dem Wald aus, dort trutzt sie, von einem Felsbogen gerahmt, am gegenüberliegenden Hang. Dazu noch der Blick auf die zerbrechliche Kapelle Klausstein aus dem Riesenmaul der Ludwigshöhle – etwas Romantischeres läßt sich kaum denken. – Gerade dieses Tal ist jedoch auch ein Beispiel dafür, wie sehr die Landschaft von den jeweiligen touristischen Sehweisen und Moden geprägt wird. So war das idyllische Pfädchen, das sich noch heute durch das Tal schlängelt, Teil eines weitläufigen Landschaftsgartens, der 1829/30 vom Grafen Franz Erwein von Schönborn nicht zuletzt in Hinblick auf den angekündigten Besuch des bayerischen Königspaars angelegt wurde. Zentrum war ein Ziergarten im Innern der damaligen Halbruine, die äußeren Teile bezogen die Sophienhöhle (deren wunderbare Tropfsteinhallen allerdings erst 1833 vom Schloßgärtner entdeckt und kurze Zeit später vom Grafen als Schauhöhle eingerichtet wurden), die Ludwigshöhle und die Schneiderkammer mit ein. Am 23. Juni des Jahres 1830 lustwandelten dann König Ludwig I. und seine

Gemahlin Therese auf diesen Pfaden. Die Theresienruh diente der Rast, in der eigens für den königlichen Besuch eingeebneten Ludwigshöhle (die vorher schlicht Kühloch hieß) wurde bei Musik ein Imbiß eingenommen ... – Seit Ende des letzten Jahrhunderts durchzieht eine Straße, inzwischen verbreitert und erneuert, das schmale Tal; der Rennerfelsen erinnert an diese »Errungenschaft«. In den siebziger Jahren unseres Jahrhunderts wurde die malerische Halbruine schließlich historisierend zu einem (inzwischen wieder aufgelassenen) Nobelhotel »instand« gesetzt, das Burggärtchen mußte weichen. Und heute soll auf dem Gelände des ehemaligen Campingplatzes, will sagen Landschaftsgartens, zwischen Burg und Sophienhöhle ein Golfplatz entstehen ...

Wir verlassen das Felsendorf **Tüchersfeld** auf der Straße nach Kohlstein. Der *grüne Punkt* führt uns bald links der Straße durch den Wald steil hinauf in den schmucken Ort mit dem malerischen, kleinen Schloß. Die Markierung weist auf der Straße weiter nach Hungenberg. Schöner und kaum weiter ist es, am Ortsende von **Kohlstein** nach rechts in einen Feldweg einzubiegen (Ww. »Tüchersfeld«), der an einer uralten Linde (Rastplatz) vorbei zu einer Wegkreuzung an einer Scheune führt. Hier nach links in das nahe **Hungenberg**. Mit dem *grünen Punkt* geradewegs durch den Ort und bald durch den Wald steil hinab nach **Unterailsfeld**. Von der Wandertafel weist der *grüne Punkt* nun nach links. Zunächst geht es steil bergauf, dann auf einem bequemen Pfädchen nahezu eben nach **Oberailsfeld**, das von felsdurchsetzten Magerrasenhängen eingerahmt wird.

Nun führt das *blaue Kreuz* noch vor dem Gasthof und der sehenswerten Pfarrkirche (Kruxifix von Friedrich Theiler) nach rechts auf einem schönen, felsengesäumten Pfad im Tal entlang (kurz nach dem Ort malerischer, überdachter Rastplatz). Bald steigt der Pfad im Wald bergan. Wo er sich gabelt, halten wir uns rechts, beim zweiten Mal nach links. Der schöne, weiche Pfad wird von Schritt zu Schritt romantischer: Er begleitet einen Felskamm, duckt sich durch die Durchgangshöhle des Schlupflochfelsens und überquert schließlich den Ailsbach und die Straße hin zum **Rennerfelsen**. Nun geht es rechts des Ailsbachs weiter, an der **Theresienruh** vorbei. Bald steigt der Steig steil empor zur **Schneiderkammer**, einer eindrucksvollen Durchgangshöhle hoch über dem Tal, genau der Burg gegenüber. Wir folgen dem Pfad unter Felsen am Hang entlang weiter, bis ein Ww. nach links hinab zur **Neumühle** weist. Hinter der Mühle weist uns der Ww. »Klaussteinkapelle« nach links steil den Hang empor. Wir erreichen so die Talhöhe genau zwischen der **Burg Rabenstein** und der Sophienhöhle. Wer sich das eindrucksvolle Burggemäuer aus der Nähe ansehen will, wendet sich nach links; nach rechts geht's zur **Sophienhöhle**. Bevor der Weg den in einer natürlichen Felsarena gelegenen Eingang zur Tropfsteinhöhle erreicht, findet man rechtshaltend einen Pavillon mit schöner Aussicht auf die Burg Rabenstein und das Tal. Hält man sich hier statt nach rechts weiter geradeaus, trifft man

auf einen Trampelpfad, der nach links zur sehenswerten **Kapelle Klausstein** führt. Das Kirchlein befindet sich genau über der Sophienhöhle und war im Mittelalter die Burgkapelle der Burg Ahorn, die sich einst hier erhob.
Nach der Besichtigung der Sophienhöhle steigen wir auf dem bezeichneten Weg wieder ins Ailsbachtal hinab, überqueren linkshaltend die Straße und den Fluß, um zur großen Höhlengrotte der **Ludwigshöhle** emporzusteigen. Die Höhle wird nach links durch einen kleinen Nebenausgang verlassen. Knapp 100 Meter talaufwärts kommen wir zu einer Wegkreuzung, an der wir uns nach rechts wenden und in mit Geländern gesicherten Serpentinen aufwärts steigen. Oben angelangt, wandern wir auf gleicher Höhe noch etwa 100 Meter weiter zu einer Wegkreuzung. Hier wenden wir uns nach links und folgen dem *grünen Punkt* hinauf nach **Zauppenberg**. Der Ort wird auf der Straße nach rechts verlassen. Zunächst bergab, dann wieder steil bergauf, bis der *grüne Punkt* am höchsten Punkt der Straße nach links in einen Feldweg abzweigt. Dieser führt (auch mit blauem Strich markiert) geradewegs über die Höhen nach **Kleinlesau**. Dort folgen wir nicht dem Ww. nach Tüchersfeld, sondern wandern zunächst auf der Fahrstraße bergab. Der *grüne Punkt* zweigt bald nach rechts von der Straße ab und führt auf einem schönen, verwunschenen Pfädchen an einem urzeitlich anmutenden Felskopf vorbei nach **Tüchersfeld** zurück.

*Die Burg Rabenstein thront auf einem mächtigen Felsriff über dem Tal.*

# 17 Hohenmirsberger Platte, 614 m

Vom Felsental zum höchsten Punkt am östlichen Albrand

**Pottenstein – Mariental – Haselbrunn – Hohenmirsberg – Hohenmirsberger Platte – Hubertuskapelle – Prüllsbirkig – Pottenstein**

**Ausgangsort:** Pottenstein, touristisches Zentrum der Fränkischen Schweiz, an der B 470.
**Weglänge:** 15 km.
**Gehzeit:** 5 Std.
**Markierungen:** Pottenstein – Hohenmirsberger Platte: blaues Kreuz; Hohenmirsberger Platte – Hubertuskapelle: gelbe Raute; Hubertuskapelle – Prüllsbirkig: blauer Senkrechtstrich; Prüllsbirkig – Pottenstein: blauer Punkt.
**Anforderungen:** Bequeme, gut markierte Pfade und Feldwege, die meist übers freie Feld führen.
**Einkehrmöglichkeiten:** Mehrere Cafés u. Ghs. in Pottenstein (davon zwei Brauerei-Ghs., »Wagnerbräu« und »Hufeisen«), Ghs. in Hohenmirsberg u. Prüllsbirkig.
**Sehenswürdigkeiten:** Burg Pottenstein, um 920 gegründet, von Mai – Oktober (sowie Ostern und Pfingsten) Dienstag – Samstag von 10.00–17.00 Uhr zu besichtigen.

Die Hohenmirsberger Platte liegt am östlichen Rand der Frankenalb und zählt zu den höchsten Erhebungen der Fränkischen Schweiz. Vom Aussichtsturm blickt man einerseits über die Fränkische Schweiz wie über eine sanfte Mulde, andererseits ist das Fichtelgebirge und der Frankenwald zu erkennen. Das Mariental, durch das unser Hinweg führt, zeigt mit seinen steilen Magerrasenhängen und freistehenden Felsformationen noch heute jenes selten gewordene Landschaftsbild, das für die Fränkische Schweiz als typisch galt. Auf dem kaum merklich ansteigenden Weg über die freien Hochflächen kann man sich viele Sonnenstrahlen einfangen, eine Aussicht, die besonders im zeitigen Frühjahr oder spät im Herbst verlockt.

Das *blaue Kreuz* weist auf der Straße ins Mariental zum Ort hinaus. Bald schlängelt sich ein schmales Pfädchen rechts der Straße am Haselbrunnbach entlang. Auf der gegenüberliegenden Seite ist das große Felsentor des Schwalbenlochs zu erkennen, das bereits in der Steinzeit bewohnt worden war. Mit dem *blauen Kreuz* mehrfach die Talseiten wechselnd, gelangen wir nach **Haselbrunn**. Nach dem Ort verlassen wir die Straße nach rechts. Ein schmales Pfädchen führt nun bergan. Wo sich der Weg gabelt, halten wir uns rechts und wandern über schöne Hochflächen weiter. Kurz vor der Straße nach **Hohenmirsberg** folgen wir dem *blauen Kreuz* nach rechts und erreichen so auf Feldwegen den Ort. Die Markierung führt uns sicher durch den Ort zum schon von weitem sichtbaren Aussichtsturm auf der **Hohenmirsberger Platte**. Von dort führt die *gelbe Raute* über zwei Straßen hinweg zur **Hubertuskapelle**. Hier treffen wir auf den *blauen Senkrechtstrich*, der den Weiterweg nach Prüllsbirkig weist: Auf einem Flurbereinigungsweg bis zu einer Scheune, hier nach rechts und später wieder nach links weiter. Nach etwa 2 Kilometern biegen wir vom Hauptweg bei einer Rechtskurve im Wald nach links (Ww.) ab. Kurz darauf verlassen wir den Wald und wenden uns nach rechts. Ein Feldweg führt uns über steinige Kalkscherbenäcker, auf denen man mit etwas Glück Versteinerungen finden kann.

Wo sich der Weg gabelt, wandern wir rechts in das bereits sichtbare **Prüllsbirkig**. Nun übernimmt der *blaue Punkt* die Führung: Beim sehenswerten Ziehbrunnen halten wir uns rechts, biegen nach dem Gasthaus links ab und wandern nach den letzten Häusern rechtshaltend auf einem schmalen Trampelpfad, an einem Kreuz vorbei, über die Wiese zum Wald. Ein Forstweg führt nun immer geradeaus. Bei der Wegkreuzung nach dem »Schuhmacherkreuz« wenden wir uns kurz nach links, um gleich wieder rechtshaltend auf einen Pfad zu gelangen, der uns steil hinab nach **Pottenstein** bringt.

*Auf hohem Felsriff erbaut – die tausendjährige Burg Pottenstein.*

# 18 Durchs Obere Püttlachtal zur Ruine Hollenberg

Lauschige Pfade zum aussichtsreichen »Hohlen Berg«

**Pottenstein – Heiligensteg – Ruine Hollenberg – Zwerghöhle – Gnomen-Brünnlein – Elbersberger Kapelle – Pottenstein**

**Ausgangsort:** Pottenstein, touristisches Zentrum der Fränkischen Schweiz, an der B 470.
**Weglänge:** Etwa 16 km.
**Gehzeit:** Etwa 5 Stunden.
**Markierungen:** Pottenstein – Ruine Hollenberg: rotes Kreuz; mit der »2« durchs Brandtal; Brandtal – Elbersberger Kapelle: roter Punkt; Elbersberger Kapelle – Pottenstein: blauer Senkrechtstrich.
**Anforderungen:** Überwiegend schmale Wald- und Wiesenpfade, im Talbereich schattig u. bei Nässe rutschig. Zwei kurze steile Aufstiege auf Waldwurzelpfädchen. Sonniger Rückweg.
**Einkehrmöglichkeiten:** Mehrere Cafés u. Ghs. in Pottenstein (davon zwei Brauerei-Ghs., »Wagnerbräu« und »Hufeisen«), Ghs. in Hollenberg, Ghs./Café unterhalb der Elbersberger Kapelle.
**Sehenswürdigkeiten:** Die 1000jährige Burg Pottenstein. Teile der Burg sind von Mai bis Oktober (sowie Ostern und Pfingsten) Dienstag – Samstag von 10.00–17.00 Uhr zu besichtigen. Die Ruine der 1360 gegründeten Burg Hollenberg und die Zwerghöhle am Fuß des Berges.
**Kurzvariante:** Auf dem mit grünem Punkt bez. »Emil-Riedel-Rundweg« ein kurzes Stück durchs Püttlachtal, hinauf zur Hasenlochhöhle und Hoffmannskapelle und dort wie beschrieben über den aussichtsreichen Rücken zur Burg zurück; etwa 5 km.

Das Obere Püttlachtal zählt zu jenen Tälern, deren Schönheit wegen die Fränkische Schweiz gerühmt wird. Und zu Recht! Links und rechts der hier freundlich im schattigen Laubwald dahinplätschernden Püttlach erheben sich von Zeit zu Zeit mächtige Felswände, und an ihrem Ufer schlängelt sich in wohltuender Stille ein idyllischer Wanderpfad entlang, der sich erholsamer kaum denken läßt. Das Ziel dieser Wanderung, die Ruine Hollenberg, bietet nicht nur eine weite Sicht über die ruhigen Wellen der Alb, sondern auch einen netten, gefahrlosen Ausflug in die Unterwelt dieses »hohlen Bergs«, der von Felsgängen, Rissen und Klüften durchzogen wird.
Von **Pottenstein-Zentrum** kann man zunächst zwischen zwei verschiedenen Wegen wählen: Rechts der Püttlach schlängelt sich ein schmaler, mit *rotem*

*Die Ruine Hollenberg – ein sonniger Aussichtsbalkon.*

*Kreuz* markierter Waldpfad dahin und links wird sie ab dem Waldcafé von einem breiten, gepflegten und fast ebenen Waldweg begleitet. Zwischen den mächtigen Felswänden von Predigtstuhl und Gaiskirche vereinen sich beide Wege und führen nun als Wurzelpfädchen weiter. Bei **Heiligensteg** wechselt der Weg vom linken an das rechte Ufer. Kurze Zeit später weist das *rote Kreuz* nach rechts auf einem Schottersträßchen steil bergauf zu einer Weggabelung. Hier nach links und gleich darauf mit dem *roten Kreuz* rechtshaltend auf einen Waldwurzelpfad, der steil hinauf nach **Hollenberg** führt. Am Gasthaus vorbei führt der bezeichnete Pfad hinauf zur aussichtsreichen Burgruine.
Bei der Infotafel unterhalb der Ruine zweigt ein bezeichneter Pfad (Ww. »Zwergenhöhle«) nach rechts ab und führt absteigend um den Berg herum. So gelangt man an den Fuß einer Felsgruppe, in der sich die **Zwergenhöhle** befindet. Ein kleiner Höhlenrundgang ist mit Taschenlampe möglich. Weiter bergab gelangen wir zum **Gnomen-Brünnlein**, eine kleine Höhlenruine. Von dort geht's hinab auf einen Forstweg, dem wir kurz nach rechts folgen, bis uns die »2« nach links in den Wald weist. Die »2« führt auf einem geschotterten Forstweg über den Berg (Wasserhochbehälter) und jenseits nach rechts in den wunderschönen Wiesengrund des Brandtals. Wir durchwandern ihn auf einem verträumten Pfad, gelangen auf ein Fahrsträßchen, das wir rechtshaltend überqueren und wandern so in einem (mit *gelbem Querstrich* und *oranger Raute* markierten) Wiesengrund weiter, der gleichsam die Verlängerung des Brandtals ist. Später weist uns der *rote Punkt* nach links auf einem steilen Waldwurzelpfädchen hinauf zur **Elbersberger Kapelle**. So gewinnen wir den aussichtsreichen Bergrücken, auf dem wir sehr bequem und vom *blauen Senkrechtstrich* begleitet zur **Burg Pottenstein** gelangen.

# 19 Durchs Klumpertal nach Bronn

Auf dem Jägersteig durch ein karstquellenreiches Felsental

**Schüttersmühle – Mittelmühle – Klumpertal – Bronn – Altenhof – Mittelmühle – Schüttersmühle**

**Ausgangsort:** Pottenstein, touristisches Zentrum der Fränkischen Schweiz, am Zusammenfluß von Püttlach und Weihersbach, an der B 470.
**Ausgangspunkt:** Schüttersmühle im Weihersbachtal, an der B 470.
**Weglänge:** Etwa 13 km.
**Gehzeit:** Etwa 4 Std.
**Markierungen:** Schüttersmühle – Mittelmühle: grüner Punkt; Jägersteig: »1«; Mittelmühle – Bronn: gelber Querstrich; Bronn – Mittelmühle: gelbe Raute, grünes Kreuz.
**Anforderungen:** Überwiegend sehr bequeme Wald- und Feldwege. Der Jägersteig ist ein schmaler, teils steiler Felsenpfad.
**Einkehrmöglichkeiten:** Ghs. an der Schüttersmühle und in Bronn.
**Sehenswürdigkeiten:** Pfarrkirche in Bronn aus dem 17. Jh. mit spätromanischem Zakkenportal. Zwischen Pottenstein und Schüttersmühle befindet sich die Teufelshöhle, mit 1500 Meter Länge eine der sehenswertesten Tropfsteinhöhlen Deutschlands; zu besichtigen von Ostern bis Ende Oktober täglich von 9.00 –17.00 Uhr.
**Kurzvariante:** Der Jägersteig als Rundweg mit Rückkehr durch den schönsten Teil des Tales; etwa 3 km.

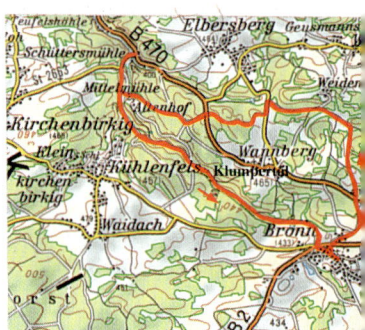

Allein der Eingang ins Klumpertal bietet bereits das Erlebnis einer einmaligen Felsenwelt. Wer zudem auf dem schmalen Pfädchen des Jägersteigs oberhalb des Talbodens entlangpirscht, bekommt fränkischen Dolomit auf Tuchfühlung: Der kurze Weg schmiegt sich an Felswänden entlang, duckt sich unter Überhängen und schlüpft durch Felsentore. Der Talweg allerdings hat auch seine Vorzüge – hier spaziert man sehr erholsam und bequem am Bach entlang, die Felsen am Talrand im Blick. Bemerkenswert sind die Karstquellen, die am Fuß der Felsen austreten und als Fischteiche genutzt werden. Diesen wohl schönsten Abschnitt des Klumpertals sollte man sich auf keinen Fall entgehenlassen – da fällt es schwer, sich zwischen Jägersteig und Talweg zu entscheiden. Nehmen Sie den Talweg doch als Zugabe mit!

Von der **Schüttersmühle** folgen wir dem *grünen Punkt* ins Klumpertal. Nach der romantisch gelegenen **Mittelmühle** bieten sich zwei Varianten: Entweder man wandert geradewegs im Tal weiter oder man zweigt auf dem mit »1« bezeichneten Jägersteig nach links über den Bach ab. Dieser führt, zunächst mit Treppenstufen befestigt, steil bergan, quert den felsbesetzten Hang und kehrt schließlich in den Talgrund zurück. Nun geht es mit dem *gelben Querstrich* weiter nach Bronn: Nach einem kurzen Abschnitt Forstweg windet sich ein nettes Wurzelpfädchen durch den verwilderten Teil des **Klumpertals**. **Bronn** erreichen wir schließlich auf einem Fahrweg. Die *gelbe Raute* weist uns von hier aus weiter: Die B 2 wird überquert, dann steigen wir auf einem Sträßchen empor zur B 470, die ebenfalls gekreuzt wird. Jenseits wandern wir zunächst auf einem asphaltierten Weg, später auf einem Feldweg geradewegs in den Grund hinab bis zu einem Wegkreuz. Nun übernimmt das *grüne Kreuz* die Führung: Nach links führt ein Feldweg Richtung Altenhof. Durch einen schönen Grund erreichen wir eine Straße (rechts befindet sich ein Steinbruch), der wir bis kurz vor die Anhöhe nach links bergauf folgen. Das *grüne Kreuz* weist dort nach rechts in den Wald, und wir wandern auf einer Forststraße weiter, bis wir abermals die B 470 überqueren. Gleich ist ein Wanderparkplatz an einem Wegkreuz erreicht. Hier kurz nach rechts und gleich wieder links auf den Forstweg, der bergab nach **Altenhof** führt. Das *grüne Kreuz* bringt uns zurück zur **Mittelmühle**.

*Der Jägersteig sucht Felskontakt.*

# 20 Rosenmüllerhöhle und Schwingbogen

Faszinierender Ausflug in die Unterwelt

**Muggendorf – Rosenmüllerhöhle – Brünnhildenstein – Neudorf – Schwingbogen – Streitberg – Ruine Neideck – Muggendorf**

**Ausgangsort:** Muggendorf, im Unteren Wiesenttal, an der B 470 gelegen.
**Ausgangspunkt:** Am Rathaus befindet sich eine Wanderwegetafel.
**Weglänge:** Etwa 12 km.
**Gehzeit:** Etwa 4 Std.
**Markierungen:** Muggendorf – Schwingbogen: blauer Kreis, roter Senkrechtstrich, blauer Kreis; Schwingbogen – Streitberg: blauer Kreis u. grünes Kreuz; Streitberg – Muggendorf: rotes Kreuz.
**Anforderungen:** Anstrengendes Auf und Ab auf Waldpfaden und Forstwegen.
**Einkehrmöglichkeiten:** Mehrere Ghs. in Muggendorf, kleines Ghs. in Neudorf, mehrere Ghs. in Streitberg. Empfehlenswert sind dort auch die beiden Brennerei-Probierstübchen (Alte Kurhausbrennerei mit historischer Pilgerstube u. Adlerbrennerei mit Höhlenklause).
**Sehenswürdigkeiten:** Rosenmüllerhöhle, ca. 70 m lang, von 1836 bis ca. 1960 als Schauhöhle genutzt; Schönsteinhöhle, zusammen mit der Brunnsteinhöhle ca. 600 m langes, weitverzweigtes Höhlensystem mit vielen Gängen, Klüften und bis zu 20 m tiefen Schächten! Führungen in beiden Höhlen organisiert das Fremdenverkehrsamt Muggendorf, Tel. 09196/717. In der Zeit von November bis April absolutes Begehungsverbot für die Schönsteinhöhle! In Streitberg kann man die 400 m lange Binghöhle besichtigen, eine der größten Tropfsteinhöhlen Deutschlands, Führungen vom 15.3.–10.11. täglich von 8.00–12.00 u. von 13.00–17.00 Uhr, sonst nur nach Voranmeldung, Führungsdauer 30–40 Min.; Eintritt 4,– DM.; Burgruine Neideck, 13. Jh. (siehe Tour 24).
**Kurzvariante:** Vom Ende des Langen Tals mit dem blauen Kreis nach Muggendorf zurückkehren; insgesamt etwa 9 km.
**Hinweis:** Taschenlampe mitnehmen!

Die Rosenmüllerhöhle zählt zu den ältesten touristischen Zielen der Fränkischen Schweiz. Heute ist die ehemalige Schauhöhle frei zugänglich, und wohl nicht zuletzt deshalb findet sich dort nur noch ein Bruchteil der Tropfsteingebilde, für die sie einst berühmt war. Dennoch bleibt es ein faszinierendes Abenteuer, im schmalen Schein der Taschenlampe in diese geheimnisvolle Berg-Innenwelt vorzudringen. Vertrauen Sie sich aber besser einem örtlichen Führer an, damit Ihnen unliebsame Überraschungen erspart bleiben. Von einer selbständigen Begehung der Schönsteinhöhle ist sogar dringend abzuraten: Mit dem etwa 600 Meter langen Ganggewirr und bis zu 20 Meter tiefen Schächten ist wirklich nicht zu spaßen.
Wir verlassen **Muggendorf** mit dem *blauen Kreis* und wandern steil den Berg hinauf. Der blaue Kreis zweigt nach links ab, wir aber gehen mit dem *roten*

*Senkrechtstrich* geradeaus durch eine schöne Lindenallee weiter bergan, bis auch dieser nach links weist. Kurz darauf zieht die Markierung rechtshaltend auf Treppenstufen weiter empor. Unterhalb dieser Treppen führt ein unmarkierter Pfad zu einem befestigten Aussichtspunkt. Kurz vor diesem befindet sich der nicht näher bezeichnete Eingang zur **Rosenmüllerhöhle**.

Von dort zum markierten Weg zurück und dem Ww. »Felsensteig« bergauf folgen. Kurz nach dem höchsten Punkt weist ein Ww. auf den lohnenden Abstecher zur Aussichtskanzel am **Brünnhildenstein** hin. Der Weg führt am Kamm entlang weiter bis zu einer unscheinbaren Weggabelung: Wir wählen den unmarkierten, breiteren Weg, der rechtshaltend im Wald bergab führt. Er verläßt den Wald und trifft direkt am Waldrand auf den *blauen Kreis*, der nun wieder die Führung übernimmt. Im Rechtsbogen erreichen wir das bereits sichtbare **Neudorf**. Durch den Ort und am Ortsende nach links auf einem Feldweg in den Wald. Mit dem *blauen Kreis* nach links bis auf eine Forststraße, der wir bergab nach rechts folgen. Kurz nachdem diese eine Linkskurve beschreibt, zweigt ein unscheinbares Pfädchen nach links ab und führt hinauf zum **Schwingbogen**. Dieses beeindruckende doppelbogige Felsentor gehörte vor Urzeiten zum großen **Schönsteinhöhlensystem**, dessen Eingang sich heute, ebenso wie die Brunnsteinhöhle, in der benachbarten Felsgruppe befindet.

Der Forstweg führt uns weiter bergab. An der nächsten Weggabelung heißt es rechts halten, und bei einer weiteren biegen wir nach links ins **Lange Tal** ab. Kurz vor dem Wanderparkplatz zweigt der mit blauem Kreis markierte Talweg nach Muggendorf links ab. Wir wandern aber noch weiter talwärts und folgen schließlich dem *grünen Kreuz* nach rechts Richtung **Streitberg**. Wer dort die **Binghöhle** besuchen will, sollte sich den kurzen Aufstieg durch die Wedenbachklamm mit ihren Sinterterrassen nicht entgehen lassen (links der Straße zur Binghöhle bzw. ins Schauertal).

Unser Weiterweg zur **Ruine Neideck** ist nun mit *rotem Kreis* und *rotem Kreuz* bezeichnet: Die Bundesstraße wird überquert, in **Niederfellendorf** halten wir uns links. Bald steigen wir auf einem Waldweg steil zum aussichtsreichen Gelände der Burgruine empor. Von dort führt das *rote Kreuz* auf einem etwas eintönigen Talweg zurück nach **Muggendorf**.

*Der Schwingbogen.*

# 21 Auf dem Heinrich-Uhl-Weg von Gasseldorf nach Behringersmühle

Aussichtsreicher Kammweg entlang der Höhepunkte des Unteren Wiesenttals

**Gasseldorf – Hummerstein – Streitberg – Binghöhle – Brünnhildenstein – Koppenburg – Oswaldhöhle – Hohes Kreuz – Quackenschloß – Adlerstein – Moritz – Pfaffenstein – Behringersmühle**

**Ausgangsort:** Gasseldorf, zwischen Ebermannstadt und Streitberg im Unteren Wiesenttal, an der B 470.
**Ausgangspunkt:** Parkplatz am Dorfplatz.
**Weglänge:** Etwa 20 km.
**Gehzeit:** Etwa 6½ Std.
**Markierungen:** Gasseldorf – Hummerstein: gelbes Dreieck. Der Heinrich-Uhl-Weg ist mit rotem Senkrechtstrich markiert.
**Anforderungen:** Überwiegend schöne, im Sommer schattige Waldpfade. Das ständige, teils steile Auf und Ab ist recht anstrengend!
**Einkehrmöglichkeiten:** In Gasseldorf, Streitberg und Moritz. Streitberg ist berühmt für seine beiden Brennereien (Alte Kurhausbrennerei mit historischer Pilgerstube u. Adlerbrennerei mit Höhlenklause). Ghs. in Muggendorf und Engelhardsberg können mit kleinem Umweg erreicht werden.
**Sehenswürdigkeiten:** In Streitberg: Binghöhle, mit 400 Metern eine der größten und reichsten Tropfsteinhöhlen Deutschlands, Führungen vom 15.3.–10.11. täglich von 8.00–12.00 u. von 13.00–17.00 Uhr, sonst nur nach Voranmeldung, Führungsdauer 30–40 Min., Eintritt 4,– DM. Ruine Streitberg, 12. Jh., schöner Aussichtspunkt über dem Ort. Oswaldhöhle, eine etwa 60 m lange Durchgangshöhle.
**Hinweis:** Rückfahrt mit der historischen Bahn Ebermannstadt – Behringersmühle. Sie ist an allen Sonn- und Feiertagen von Mai bis September in Betrieb. Genauen Fahrplan bitte im Fremdenverkehrsamt erfragen, Tel. 09194/50640.

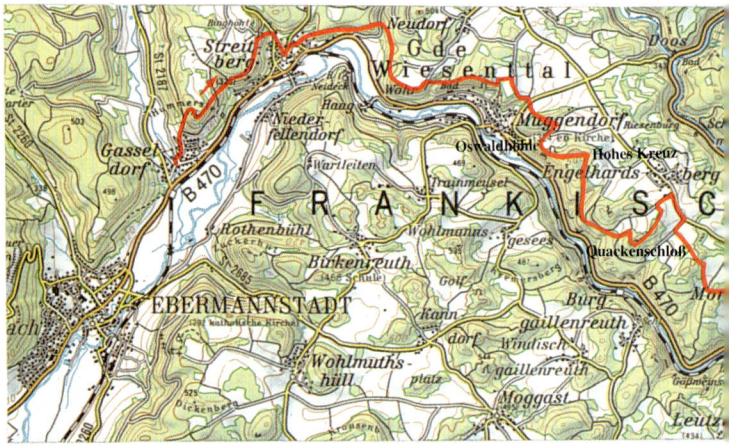

*Die Burgruine Neideck thront auf der gegenüberliegenden Talseite.*

Der Heinrich-Uhl-Weg zieht als aussichtsreicher Höhenweg von Aufseß entlang des Leinleiter- und des Wiesenttals bis nach Behringersmühle. Entlang des hier beschriebenen Wegabschnitts reihen sich die Höhepunkte des Unteren Wiesenttals aneinander wie die Perlen einer Kette: die vielen Aussichtspunkte hoch über dem Tal, das felsengerahmte Streitberg mit der Binghöhle, der romantische Anblick der gegenüberliegenden Burgruine Neideck, die mächtigen Felsen des Wiesentriffs, die Oswaldhöhle, durch die unser Wanderweg führt, das Quackenschloß und, und, und. Wer zu guter Letzt noch mit der historischen Museums-Bimmelbahn durchs Tal zum Ausgangsort zurückschnauft, konnte diesen Teil des Wiesenttals sicher von seiner schönsten Seite kennenlernen.

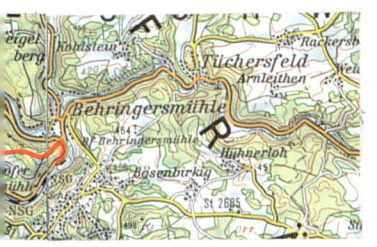

Vom Dorfplatz in **Gasseldorf** führt das *gelbe Dreieck* steil empor zum Hummerstein: Nach dem Ort zunächst auch dem Ww. Richtung Unterleinleiter folgend, bringt uns bald das *gelbe Dreieck* durch einen schönen Hohlweg steil bergauf. Auf der

Höhe geht es nach rechts zur aussichtsreichen Felsenkanzel. Der Ausblick könnte besser nicht sein: unter uns die Talweitung der Wiesent mit Ebermannstadt und dem Zeugenberg der Ehrenbürg (»Walberla«) im Hintergrund. Sobald wir den **Hummerstein** überqueren, öffnet sich der Blick wiesentaufwärts zur sich romantisch über dem Tal erhebenden Ruine Neideck und über die weichen Wogen der Kuppenalb. Noch auf dem Hummerstein zeigt ein alter Ww. den Weg Richtung Streitberg an. Ein mit *rotem Querstrich* markiertes Pfädchen führt hinab auf eine Forststraße, der wir geradeaus weiter folgen, bis wir auf den *roten Senkrechtstrich* des Heinrich-Uhl-Weges treffen, der uns von nun an begleiten wird. Auf einem bequemen Waldpfädchen wird der aussichtsreich über Streitberg liegende **Prinz-Rupprecht-Pavillon** erreicht. Nächste Wegstation auf dem gut markierten Weg ist die **Binghöhle**. Von hier folgen wir dem *schwarzen Kreis* und dem Ww. Streitburg ins Schauertal hinab. Jenseits geht es steil bergauf zur Burgruine mit ihrem eindrucksvollen Tiefblick auf den malerischen Ort und seine Felsenkulisse. Der *schwarze Kreis* bringt uns weiter zur **Muschelquelle** (schöner Rastplatz), hinter der sich das Schneiderloch befindet.

Der Weiterweg führt zunächst durch eine schöne Lindenallee zum mächtig überhängenden Felsriff der »**Klararuh**« (auch »Matterhornwand«). Der schöne Waldpfad zieht nun stetig bergan, bis er den Höhenrücken mit dem Aussichtspunkt **Brünnhildenstein** erreicht: Die aus dem Wald ragenden Felsköpfe lassen deutlich ihre Riffstruktur erkennen. Auf dem Höhenrücken geht es nun bergauf – bergab weiter zum Aussichtspunkt **Koppenburg**. Im Talhang zwischen beiden Aussichtspunkten befindet sich die Rosenmüllerhöhle (siehe Tour 20). Ein schöner Pfad führt zu einem Wanderparkplatz. Ein kurzes Stück müssen wir der Straße hinab nach Muggendorf folgen, bevor uns links ein Waldpfad zum nächsten Aussichtspavillon weiterführt. Am Höhenrücken geht es weiter zur **Oswaldhöhle**, die wir leicht gebückt auf etwa 60 düsteren Metern durchqueren.

Der *rote Senkrechtstrich* und das *braune Kreuz* bringen uns nun steil bergauf zum Aussichtsturm am **Hohen Kreuz** (523 m), der uns den Blick nach Nordosten zur Neubürg und Hohenmirsberger Platte freigibt. Steil bergab geht es nun weiter, bis wir ein Tälchen queren und jenseits wieder bergwärts zum **Quackenschloß** wandern. Wie verwunschen liegt diese Felsarena mit ihrem schön geschwungenen Felsentor im Wald. Der Waldpfad bringt uns weiter zur malerischen Felsgruppe mit dem aussichtsreichen **Adlerstein**, der mit Hilfe einer Leiter bestiegen werden kann. Wenig später ist die Straße nach **Engelhardsberg** erreicht, der wir ein kurzes Stück nach rechts folgen, um sie sogleich wieder rechts auf einen Feldweg zu verlassen. Die Markierung weist uns alsbald nach links ins kleine Bergnest **Moritz**. Dieses Dörfchen wird nach rechts verlassen. Bald wandern wir über Wiesen nach links. Hier bietet sich nach links ein Abstecher zum **Pfaffenstein** mit seinem herrlichen Ausblick übers Wiesenttal an. Der *rote Senkrechtstrich* führt uns nun bergab Richtung

»Vier-Täler-Blick«. Bevor wir wieder in den Wald eintauchen, tut sich ein zauberhafter Blick auf das im gegenüberliegenden Hang versteckte Gößweinstein mit seiner Wallfahrtsbasilika und der hell schimmernden Burg auf. Dieser Anblick entschädigt dafür, daß die Aussicht am Pavillon des »Vier-Täler-Blicks« völlig zugewachsen ist. So wandern wir das letzte Stück eben ohne Aussicht steil hinab ins Wiesenttal. Ein letztes Stück auf der Straße nach rechts, und der Bahnhof **Behringersmühle** ist erreicht.

*Der Prinz-Rupprecht-Pavillon liegt direkt über Streitberg.*

# 22 Leidingshofer Tal und Werntal

Durch stille Täler zur Burg Greifenstein

**Veilbronn – Leidingshofer Tal – Veilbronn – Werntal – Pavillon – Burg Greifenstein – Heiligenstadt – Schulmühle – Veilbronn**

**Ausgangsort:** Veilbronn im Leinleitertal, zwischen Gasseldorf und Heiligenstadt.
**Ausgangspunkt:** Am Ortseingang befindet sich rechts ein Wanderparkplatz.
**Weglänge:** Etwa 16 km.
**Gehzeit:** Etwa 5 Std.
**Markierungen:** Bez. Weg durchs Leidingshofer Tal; Veilbronn – Jugendzeltplatz Heiligenstadt: blauer Schrägstrich; Jugendzeltplatz – Burg Greifenstein: gelber Kreis; Burg Greifenstein – Veilbronn: roter Senkrechtstrich.
**Anforderungen:** Bequeme, überwiegend im Wald verlaufende Wege und Pfade.
**Einkehrmöglichkeiten:** Ghs. in Veilbronn und Heiligenstadt (u.a. Brauerei-Gasthof Drei Kronen), Café bei der Burg Greifenstein.
**Sehenswürdigkeiten:** Burg Greifenstein aus dem 12. Jh., im 17. Jh. barock umgestaltet; zu besichtigen täglich von 8.30–11.45 u. von 13.30–16.45 Uhr, Führungsdauer etwa 1 Stunde, Eintritt 5,– DM.
**Kurzvarianten:** 1. Der beschriebene Naturlehrpfad durchs Leidingshofer Tal; 4 km.
2. Ringweg Veilbronn: Vom Wanderparkplatz oberhalb der Schulmühle wie beschrieben zur Wernquelle und mit der Ringweg-Markierung zurück; ca. 6 km.
3. Rundweg mit gelbem Kreis: Heiligenstadt – Judenfriedhof – Burg Greifenstein – Heiligenstadt; etwa 4 km.

Diese Wanderung beginnt mit einer nahezu unlogischen Extratour durchs Leidingshofer Tal. Aber so klein wie dieses wildromantische Tal auch ist, so groß sind seine landschaftlichen Reize. Im Werntal interessiert vor allem die Wernquelle, ein sogenannter Hungerbrunnen, der nur nach starken Regenfällen schüttet und ansonsten trockenliegt.

Wir verlassen **Veilbronn** nach rechts Richtung Störnhof und folgen am Ortsende dem Ww. ins Leidingshofer Tal nach links. Bei einer Weggabelung wählen wir den rechten, unmarkierten Weg, der steil im Wald bergauf führt. Am Waldrand nach links, wieder in den Wald und weiter bis zum Pavillon. Nun folgen wir dem Ww. »Pavillon« in Gegenrichtung bis kurz vor Störnhof. Das *gelbe Dreieck* weist uns nun nach links auf einem Waldlehrpfad hinab ins wildromantische **Leidingshofer Tal**, durch das wir nach **Veilbronn** zurückwandern. Nun führt uns der *blaue Schrägstrich* Richtung Werntal. Am Eingang ins Tal befindet sich ein Wanderparkplatz. Auf einem bequemen, breiten Waldweg wandern wir talaufwärts, am Quellbecken des **Siegritzer Brunnens** vorbei. Wenig später weist ein Ww. geradeaus Richtung »*Wernquelle–Pavillon*«. Der Waldweg verläßt den Talgrund. Wo ein bezeichneter Weg (»Ringweg Veilbronn«) von links auf unseren Waldweg mündet, zweigt ein kleiner Pfad ab, der zur **Wernquelle** führt (Abstecher von etwa 200 Metern). Etwa 200 Meter später zeigt der Ww. »*Pavillon/Heiligenstadt*« nach links. Wir folgen nun stets dieser Markierung. Vom **Pavillon** bietet sich ein schöner Blick auf Heiligenstadt. Auf der Zufahrtsstraße zum unmittelbar benachbarten Jugendzeltplatz wird der Wald verlassen. Ein Ww. und der *gelbe Kreis* weisen geradewegs über die Straße zur bereits sichtbaren **Burg Greifenstein**. An einem Wildschweingehege vorbei, erreichen wir eine Straße, der wir kurz nach rechts folgen. Nach links führt eine herrliche, alte Lindenallee zur mächtige Burganlage.

Der Rückweg führt an der Burgklause linkshaltend vorbei. Am Wildschweingehege befindet sich ein Ww. des Heinrich-Uhl-Wegs. Richtung **Heiligenstadt** biegt der *rote Senkrechtstrich* etwa 200 Meter später nach links ab. Steil geht es nun hinab und über eine Straße geradeaus weiter in den Ort. Am Ortsende weits der Ww. Richtung »*Pavillon*« nach links bergauf. Auf halber Hanghöhe verläßt der *rote Senkrechtstrich* den Ort nach rechts und führt bequem am Hang entlang zurück zur **Schulmühle** und nach **Veilbronn**.

*Idylle am plätschernden Bach – die Schulmühle.*

# 23 Das Trockental oberhalb der Heroldsmühle

Wanderlehrpfad zu den Karstquellen der Leinleiter

**Zoggendorf – Burggrub – Oberleinleiter – Heroldsmühle – Trockental – Heroldstein – Zoggendorf**

**Ausgangsort:** Zoggendorf im Leinleitertal, Heiligenstadt unmittelbar benachbart.
**Ausgangspunkt:** Der bez. Radweg Richtung Heiligenstadt führt zum Wanderparkplatz am oberen Ortsende von Zoggendorf.
**Weglänge:** Etwa 18 km.
**Gehzeit:** 6 Std.
**Markierungen:** Der Wanderlehrpfad ist durchgehend (teilweise spärlich) mit grünem Kreis markiert. Burggrub – Trockental auch gelber Querstrich und MD-Zeichen.
**Anforderungen:** Abwechslungsreiche Wald- und Feldwege, teils auch asphaltiert.
**Einkehrmöglichkeiten:** Ghs. in Burggrub, Oberleinleiter (Brauerei Ott!) und an der Heroldsmühle.
**Sehenswürdigkeiten:** Die Heroldsmühle mit dem größten Mühlrad der Fränkischen Schweiz.
**Kurzvariante:** Vom Wanderparkplatz zwischen Oberleinleiter u. Tiefenpölz (Infotafeln zum geologischen Wanderweg, Gesteinsexponate) zur Heroldsmühle und wie beschrieben bis zur Straße Oberleinleiter – Brunn. Nun im spitzen Winkel nach rechts und auf einem Wiesenweg zurück zur Heroldsmühle; etwa 6 km.

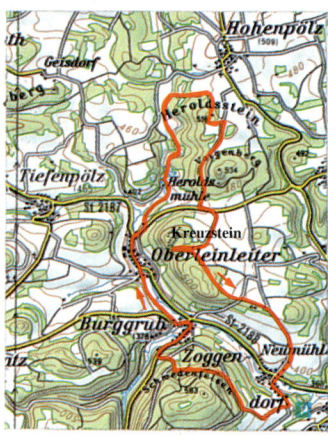

Zwei interessante Lehrpfade, einen Waldlehrpfad sowie einen geologischen Lehrpfad, vereint diese abwechslungsreiche, ruhige Wanderung im oberen Leinleitertal. Im Zentrum steht dabei das landschaftlich einmalige Trockental, das sich von der Leinleiterquelle talaufwärts zieht. Eine geologische Besonderheit sind dort die sogenannten Tummler oder Hungerbrunnen: Karstquellen, die nur bei Schneeschmelze oder nach starken Niederschlägen Wasser führen. Der Rückweg führt über die aussichtsreiche Albhochfläche.

Vom **Wanderparkplatz** führt ein Teersträßchen rechtshaltend bergauf zur bereits von unten sichtbaren ersten Infotafel des Waldlehrpfades (Rastbank). Wir folgen dem Ww. nach rechts auf einem Forstweg in den Wald. Bei einer Weggabelung auf dem oberen Weg bleiben. Bei einer weiteren Weggabelung markiert der *rote Kreis* einen Abstecher zum beeindruckenden **Rotenstein**. Der Forstweg führt schließlich in einer 90-Grad-Kurve rechtshaltend hinab zur Straße nach **Burggrub**. Der Weiterweg von dort ist mit dem *gelben Querstrich* und dem Main-Donau-Wegzeichen markiert: Der Ort wird am Feuerwehrgerätehaus nach rechts verlassen. Ein asphaltierter Fußweg führt nach

*Das große Mühlrad der Heroldsmühle klappert heute nicht mehr.*

**Oberleinleiter**. Durch den Ort und am anderen Ortsende auf der Straße nach rechts. Unmittelbar nach dem Ortsschild zeigt ein Ww. ein lauschiges Pfädchen an, das zur **Heroldsmühle** führt. Direkt hinter dem großen, alten Mühlrad führt der geologische Lehrpfad zur Leinleiterquelle und weiter, an den Tummlern vorbei, durch das **Trockental**.
Der *grüne Kreis* verläßt das Tal schließlich nach rechts Richtung Hohenpölz und steigt auf die Albhochfläche empor. Vor dem Ort zieht der Lehrpfad auf einem Feldweg nach rechts und macht bald einen kurzen Abstecher (Ww.) zur aussichtsreichen Hochfläche des **Heroldsteins**. Wir folgen dem Feldweg nach rechts weiter bis zum Waldrand an einer großen Ackerfläche (Jägerstand). Hier weist die Markierung nach links zu einem asphaltierten Weg, dem wir nach rechts folgen. Bei einer Weggabelung rechtshaltend wird der Wald bis zur Straße Oberleinleiter – Brunn durchquert. Auf dieser Straße ein kurzes Stück nach links. Bei einem Wäldchen weist der *grüne Kreis* auf einem Feldweg nach rechts. Wir wandern empor auf eine Anhöhe. Links von ihr befinden sich die Reste eines Basaltsteinbruchs. Geradeaus am Waldrand weiter, wird der **Kreuzstein** (aussichtsreicher Rastplatz) erreicht. Von hier kurz am Waldrand weiter und schließlich nach rechts in den Wald (Abzweigung nicht verpassen!). Ein verschlungener Pfad zieht am Hang entlang über den Eichenberg. Ein Waldweg bringt uns schließlich zum Wanderparkplatz an der Straße nach Burggrub. Über die Straße und geradeaus weiter, wird ein asphaltiertes Sträßchen erreicht, das mit Blick auf die Burg Greifenstein rechts hinab nach **Zoggendorf** führt.

# 24 Druidenhain und Ruine Neideck

Aussichtsreiche Wege zu einem Wahrzeichen der Fränkischen Schweiz

**Rotenbühl – Zuckerhut – Birkenreuth – Kanndorf – Druidenhain – Trainmeusel – Trainmeuselbrunnen – Ruine Neideck – Rotenbühl**

**Ausgangsort:** Ebermannstadt, an der B 470 im Wiesenttal, Endstation der Bahnlinie Forchheim – Ebermannstadt.
**Ausgangspunkt:** Parkplatz am beheizten Freibad in Rotenbühl.
**Weglänge:** Etwa 16 km.
**Gehzeit:** Etwa 5 Std.
**Markierungen:** Rotenbühl – Birkenreuth: gelber Senkrechtstrich; Abstecher zum Zuckerhut: blauer Senkrechtstrich und blauer Diagonalstrich; Birkenreuth – Kanndorf: gelber Senkrechtstrich; Kanndorf – Druidenhain: grünes Kreuz; Druidenhain – Ruine Neideck: blauer Senkrechtstrich; Ruine Neideck – Rotenbühl: rotes Kreuz.
**Anforderungen:** Abwechslungsreiche Wald- und Feldwege, zwei kurze, steilere Aufstiege.
**Einkehrmöglichkeiten:** Ghs. in Birkenreuth und Kanndorf.
**Sehenswürdigkeiten:** Das Birkenreuther Brunnenhaus mit dem einst 70 Meter tiefen, handgegrabenen Brunnen aus dem Jahre 1796; Burgruine Neideck, aus dem 13 Jh., 1553 zerstört.

**Kurzvarianten:** 1. Durchs Birkenreuther Tal zum aussichtsreichen Zuckerhut und wieder zurück; ca. 7 km.
2. Mit dem gelben Senkrechtstrich von Rotenbühl nach Birkenreuth, mit dem grünen Kreuz nach Trainmeusel; von dort wie beschrieben weiter; ca. 9 km.

Die malerische Lage der Burgruine Neideck auf einem hohen Felseck im Wiesenttal riß die wandernden Romantiker einst zu wahren Begeisterungsstürmen hin. Mindestens genauso schön wie ihr Anblick ist es, von ihr hinab ins Tal zu schauen. Ein Rast- und Aussichtspunkt, so sonnig und romantisch wie man sich nur wünschen kann! Ganz anders dagegen der Charakter des Druidenhains: Diese in merkwürdigen Anordnungen und Formationen verwitterte Felsblocklandschaft, moosüberwachsen und verwunschen im Wald, hat schon immer die Phantasie der Menschen beschäftigt. Ob sie eine keltische Kultstätte war, ist allerdings mehr als fraglich. Sehenswert ist diese Kapriole der Natur aber in jedem Fall. Erstes Ziel dieser Wanderung ist jedoch der Zuckerhut, ein wunderbarer, sonniger Aussichtspunkt hoch über dem Wiesenttal – ein schönerer Auftakt wird sich kaum finden!
In **Rotenbühl** weist der *gelbe Senkrechtstrich* nach rechts im Birkenreuther Tal empor. Kurz vor dem Ort mündet von rechts ein mit *blauem Senkrecht-* und *Diagonalstrich* markierter Weg ein (Ww.). Diesem im spitzen Winkel nach

rechts folgen, bei Weggabelung abermals rechts und mit dem *blauen Senkrechtstrich* zum **Zuckerhut**. Vom Gipfel-Abstecher zurück auf den Weg und mit dem *blauen Diagonalstrich* nach rechts weiter. Die Markierung führt nach **Birkenreuth**. Mit dem *gelben Senkrechtstrich* rechtshaltend durch den Ort und am Ortsende links. Der schöne, gut markierte Weg bringt uns, bei Wegverzweigungen immer rechtshaltend, am Kanndorfer Golfplatz vorbei. Am Ortsende von **Kanndorf** auf der Straße kurz nach links, bis der Ww. »Druidenhain« und das *grüne Kreuz* nach rechts weisen. Die Straße wird alsbald abermals überquert. Jenseits steigen wir auf einem weichen Waldweg empor zum Aussichtspunkt »Vogelherd« (schöner Blick auf Gößweinstein). Das *grüne Kreuz* führt uns sicher zum **Druidenhain**. Dort treffen wir auf den *blauen Senkrechtstrich*, der uns links weiter nach **Trainmeusel** führt. Die Markierung weist uns am Ortsrand von Trainmeusel vorbei und rechtshaltend auf einem Feldweg weiter zur **Ruine Neideck**. Wir kommen am **Trainmeuselbrunnen** vorbei, der einzigen Quelle auf dieser wasserarmen Hochfläche, die einst auch die Burg Neideck mittels einer hölzernen Wasserleitung mitversorgte. Auf schönem Hangweg weiter (bez. Abstecher zur Neideckgrotte möglich), bis ein Ww. mit *rotem Kreis* zur Burgruine emporweist (Abstecher). Zurück am Hauptweg folgen wir nun dem *roten Kreuz* nach rechts Richtung Ebermannstadt. Der stetig fallende Weg führt ausgesetzt am Hang entlang und bietet immer wieder schöne Ausblicke auf das gegenüberliegende Streitberg und ins Tal, das wir kurz vor **Rotenbühl** erreichen.

*Eindrucksvoll – die großzügige Anlage der Burgruine Neideck.*

# 25 Vexierkapelle Reifenberg und Retterner Kanzel

Spaziergang mit Blick auf Walberla und Albvorland

**Oberweilersbach – Vexierkapelle Reifenberg – Retterner Kanzel – Oberweilersbach**

**Ausgangsort:** Oberweilersbach, kleines, Forchheim benachbartes Dörfchen, über die B 470 zu erreichen.
**Ausgangspunkt:** Am Ortsende von Oberweilersbach befindet sich an der Straße nach Reifenberg ein Parkplatz.
**Weglänge:** Etwa 7 km.
**Gehzeit:** Etwa 2 Std.
**Markierungen:** Oberweilersbach – Reifenberg: grüner Diagonalstrich; Reifenberg – bis zu Wegkreuz vor der Retterner Kanzel: rotes Kreuz; Retterner Kanzel – Oberweilersbach: roter Querstrich.
**Anforderungen:** Kurze Wanderung mit steilem Anstieg zur Kapelle; Steilabstieg auf Geröllpfädchen von der Retterner Kanzel. Meist Feld- und Waldwege, teilweise Asphalt.

**Einkehrmöglichkeiten:** Ghs. in Oberweilersbach, Bierkeller unterhalb der Kapelle (nur im Sommer).
**Sehenswürdigkeiten:** Kapelle Reifenberg.

Die hell über dem Tal leuchtende Kapelle Reifenberg zieht schon von weitem die Aufmerksamkeit auf sich. Angeblich wird sie deshalb Vexierkapelle genannt, weil sie aus jeder Perspektive anders wirkt und so das Auge gleichzeitig fesselt und narrt. Auf einer hohen Kanzel an der Stelle einer ehemaligen Burg errichtet, bietet sie besonders im Frühjahr einen unvergleichlichen Blick übers hier breit auslaufende Wiesenttal, die lieblichen, fruchtbaren Ebenen und hin zum steilen, bewaldeten Anstieg der Albhöhen. Dazwischen erhebt sich unverkennbar wie eine natürliche Festung die Tafel des »Walberla« (eigentlich Ehrenbürg).

Vom Parkplatz am Ortsausgang von **Oberweilersbach** folgen wir der Straße, bis kurz nach einer kleinen Reitanlage der mit *grünem Diagonalstrich* markierter Feldweg links abzweigt. Bald steigen wir auf einem steilen Pfad empor, der rechtshaltend wieder die Straße erreicht. Ihr folgen wir noch ein kurzes Stück bergaufwärts bis zur **Kapelle**.

Nun übernimmt das *rote Kreuz* die Führung: Der weiter bergaufwärts führende Forstweg wird bald nach rechts auf einen schmalen Pfad verlassen. Wir kommen an einem Rastplatz mit schönem Rückblick auf die Kapelle und das »Walberla« vorbei und erreichen die Albhöhe, wo wir dem *roten Kreuz* nach links folgen. Der Weg führt nun immer geradeaus durch den Wald. Am Waldrand weist die Markierung nach links. Wir wandern auf einem Forstweg am Waldrand entlang. Am Ende einer Waldlichtung, kurz bevor der Forstweg in den Wald eintaucht, verlassen wir ihn nach links. Die Markierung führt im Wald rechtshaltend weiter. Nachdem eine Stromleitung unterquert wurde, kommen wir an ein Wegkreuz, wo wir das *rote Kreuz* verlassen. Der *rote Querstrich* führt uns nun nach links (Richtung Weilersbach) zur **Retterner Kanzel**, einem Felssporn auf der brettebenen Albhochfläche, die hier Lange Meile genannt wird. Sie bietet nochmals einen schönen Ausblick auf den gegenüberliegenden Zeugenberg des »Walberla«. Zwischen zwei Felsen geht es auf schmalem Pfad kurz steil hinab auf einen Querweg, dem wir nach links folgen. So treffen wir auf einen Forstweg, der uns bergab zurück nach **Weilersbach** bringt.

*Bequeme Feldwege überwiegen auf dieser kleinen Wanderung.*

# 26 Walberla-Umrahmung

Aussichtsreiche Gipfelbummelei auf dem Lieblingsberg der Franken

**Kirchehrenbach – Walberla – Kirchehrenbach**

**Ausgangsort:** Kirchehrenbach, Zufahrt über die B 470 von Forchheim; Haltestelle an der Bahnlinie Forchheim – Ebermannstadt.
**Ausgangspunkt:** Wanderparkplatz am Ortsende (Ww. »Walberla«) von Kirchehrenbach.
**Weglänge:** Etwa 7 km.
**Gehzeit:** 2½ Std.
**Markierungen:** Bezeichnete Wege (»Walberla-Rundweg«).
**Anforderungen:** Nur anfangs steiler Aufstieg, ansonsten sehr bequeme Wege.
**Einkehrmöglichkeiten:** Mehrere Ghs. in Kirchehrenbach.
**Variante:** Man kann die Runde zu einer kleinen, feinen Bierwanderung ausdehnen, indem man nach Leutenbach absteigt (Brauerei-Gasthof Drummer) und dann einen Haken nach Dietzhof schlägt (Brauerei-Gasthof Alt!).
**Hinweis:** Am ersten Mai-Wochenende findet auf dem Gipfelplateau alljährlich die traditionsreiche »Walberla-Kerwa« (Kirchweih) statt, mit Bierzelten, Buden, Jahrmarktstrubel. Eine zusätzliche Attraktion – oder auch ein Grund gerade dieses Wochenende zu meiden.

Eigentlich heißt er ja Ehrenbürg, dieser auffallende Zeugenberg vor den Toren Forchheims. Aber so sagt in Franken kein Mensch. Hier heißt es »Walberla«, frei-fränkisch nach dem niedrigeren der beiden Gipfel, der die Walpurgis-Kapelle trägt. Der andere, kreuzgeschmückte ist der Rodenstein, und zwischen den beiden spannt sich ein baumloses, sonniges Hochplateau wie eine große, hohe Hängematte. Geschützt wird es nach beiden Seiten von steilen, hell leuchtenden Felsmauern – eine natürliche Festung, die man schon in der Bronzezeit zu schätzen wußte. Ab etwa 500 vor Christus wurde diese Bergsiedlung noch zusätzlich mit Wallanlagen befestigt. Heute befindet sich auf der Gipfelhochfläche eine wissenschaftliche Ausgrabungsstätte. Die Aussicht von den Rändern des Plateaus ist einmalig: im Norden über dem breiten, auslaufenden Wiesenttal die Flächenalb mit der Langen Meile (siehe Tour 25), die weichen Wellen der Kuppenalb im Süden und – vor allem zur Kirschblütenzeit unvergleichlich schön – das fruchtbare Vorland mit seinen idyllisch in der Landschaft geborgenen Dörfern im Westen.

Vom **Wanderparkplatz** führt ein bezeichneter Fußweg zum Walberla. Bei der zweiten Wandertafel kann man den asphaltierten Fahrweg umgehen, indem man sich kurz nach links wendet, um dann rechtshaltend auf einem schönen Trampelpfädchen zum Kreuz auf einer Aussichtskanzel emporzusteigen. Ein geschottertes, später asphaltiertes Sträßchen steigt weiter bergan bis zur **Walpurgiskapelle**. Ein Abstecher nach links an den Plateaurand führt zum Aussichtspunkt über den Felsabbrüchen der Geierswand. Für den Weiterweg halten wir uns aber auf der rechten Seite des Gipfelplateaus, das wir auf dem gut einsichtbaren Weg bis hin zum Gipfelkreuz am **Rodenstein** (532 m) überschreiten. Uns zu Füßen kauern Schlaifhausen und Wiesenthau mit seinem sehenswerten Renaissanceschloß.

Vom höchsten Punkt wandert man entweder auf einem Pfädchen am Kamm entlang bergab oder folgt einem Feldweg in einer Links-Rechts-Schleife, bis man nach einer Hecke auf den Ww. »Walberla-Rundweg« trifft. Wir folgen dem Ww. auf einem schmalen Pfädchen nach links und lassen uns von dieser Markierung weiterführen: Bei der ersten Wegverzweigung auf dem linken, oberen Weg bleiben; der untere führt hinab nach Leutenbach (siehe Variante). Bei der zweiten Verzweigung an einer Bank halten wir uns dann auf dem unteren Weg, beim dritten Mal wieder oben. Das idyllische, manchmal sehr schmale und stille Pfädchen führt unterhalb der Geierswand entlang zurück. Zum Schluß durch schöne Streuobstwiesen schlendernd, erreichen wir den bekannten Weg unterhalb der kreuzgeschmückten Aussichtskanzel bei einer gefaßten Quelle.

*Die Walpurgis-Kapelle auf der Gipfelhochfläche des Walberla.*

# 27 Der Trubachtalweg

Von der Mündung bis zur Quelle am munteren Flußlauf entlang

**Pretzfeld – Hagenbach – Unterzaunsbach – Oberzaunsbach – Mostviel – Egloffstein – Untertrubach – Wolfsberg – Obertrubach**

**Ausgangsort:** Pretzfeld, an der Mündung der Trubach in die Wiesent. Zentrum des fränkischen Kirschenanbaus. Mitte Juli findet hier jedes Jahr das Fränkische Kirschenfest statt.
**Ausgangspunkt:** Wandertafel in der Brunnenstraße: Vom Rathaus auf der Straße Richtung Kirchehrenbach bis über die Trubach, dann nach links.
**Weglänge:** Etwa 21 km.
**Gehzeit:** Etwa 7 Std.
**Markierungen:** Blauer Querstrich.
**Anforderungen:** Lange Wanderung auf bequemen, gut bezeichneten Wegen und Pfaden. Bis Mostviel etwas eintönige Fahrradwege, dann landschaftlich sehr abwechslungsreich.
**Einkehrmöglichkeiten:** In Pretzfeld, Hagenbach, Unterzaunsbach, Mostviel, Egloffstein, Wolfsberg, an der Reichelsmühle, in Obertrubach. Für Bierfreunde besonders empfehlenswert: Brauerei-Gasthof Meister in Unterzaunsbach (mit lauschigem, kleinen Biergarten).
**Sehenswürdigkeiten:** Burg Egloffstein, Burgruine Wolfsberg; Infotafeln erläutern die Geschichte der am Weg liegenden Orte und Burgen.
**Kurzvariante:** Der schönste Teil des Trubachtalweges liegt zwischen Mostviel und Obertrubach; etwa 12 km. Der etwa 3 km lange Abschnitt von Mostviel (Wanderparkplatz) bis Egloffstein ist eine äußerst idyllische und bequeme Promenade, die besonders von älteren Menschen geschätzt wird.
**Hinweis:** Die Busverbindung im Trubachtal ist für Wanderer denkbar ungünstig. Man ist also darauf angewiesen, sich selbst eine Rückfahrmöglichkeit zu organisieren.

*Erfrischend – der munter plätschernde Bach.*

*Zur Zeit der Obstbaumblüte ist der Weg besonders schön.*

Der Trubachtalweg durchmißt entlang des munter dahinmäandrierenden Flüßchens eine der heitersten Talschaften der Fränkischen Schweiz. Besonders im Frühjahr, zur Zeit der Kirschblüte, wird man dem Charme dieses Tals erliegen. Gerade im ersten Wegabschnitt, von Pretzfeld, dem Städtchen des fränkischen Kirschenfests, bis Egloffstein, leuchtet dann das Land: saftig grüne Flußauen, löwenzahnübersäte Wiesen und darüber das zarte filigrane Weiß der Kirsche. Da vergißt man schon fast, daß der Wanderweg hier teilweise ein wenig eintönig auf Asphalt verläuft. Ab dem burgengekrönten Egloffstein wird das Tal dann enger, die Landschaft abwechslungsreicher und kleinräumiger. Der Weg führt durch kleine Orte, schmale, weiche Pfade ziehen an hohen Felsen und ehemaligen Mühlen vorbei. Noch idyllischer wär's, wär die Straße hier nicht allzu nah.

Erste Station auf dem gut mit *blauem Querstrich* markierten Weg ist der kleine Ort **Hagenbach**, der rechtshaltend durchquert und nach links verlassen wird. Von hier öffnet sich ein schöner Blick in das Urspringtal mit dem mächtigen Felsmassiv des Röthelfels. Asphaltierte Sträßchen und Feldwege führen an

Wannbach vorbei nach **Unterzaunsbach**. Bis kurz nach **Oberzaunsbach** müssen wir auf der Straße wandern, doch dann bringt uns ein idyllischer Wiesenpfad bis nach **Mostviel**. Nun geht es am linken Trubachufer weiter: Ein ebener und sehr bequemer Pfad begleitet das muntere Bächlein. **Egloffstein** empfängt uns mit einem romantischen Burgblick.

Am Ortsende (Wanderparkplatz) wechselt die Markierung wieder ans rechte Trubachufer. Nun folgt einer der idyllischsten Wegabschnitte: Das schmale Pfädchen schmiegt sich unter einem lauschigen Blätterdach von Haselhecken eng an den plätschernden Bachlauf. Ein Waldpfad bringt uns linkshaltend zur **Hammermühle**. Hier wird die Straße überquert. Links oberhalb der Trubachtalstraße wandern wir auf einem Asphaltsträßchen zum Weiler **Haselstauden**, wo das wunderschöne Großenoher Tal (siehe Tour 30) abzweigt. Die Straße wird abermals überquert, bevor uns ein Sträßchen nach **Untertrubach** bringt. Die Markierung taucht nun bald wieder in den schattigen Wald

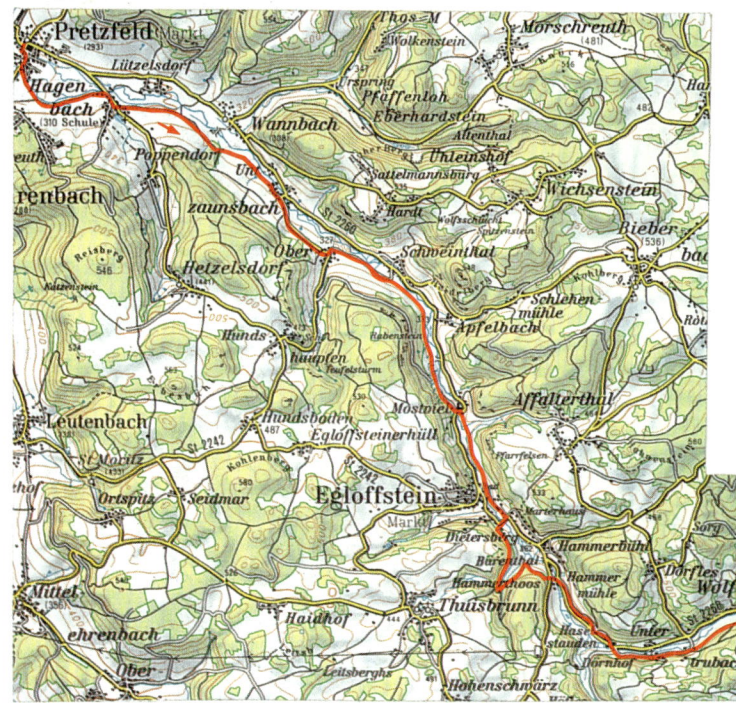

*Die ehemalige Mühle in Pretzfeld.*

ein und führt, zum Schluß auf schönem Pfädchen direkt am Bach entlang, nach **Wolfsberg**. Die Mauerreste der Burg über dem Ort scheinen direkt aus den Felsen am gegenüberliegenden Hang emporzuwachsen. Unser Pfad führt am Spielplatz vorbei und geradewegs empor in den Wald. Auf Waldwurzelpfaden kommen wir zu einer Brücke, auf der die Trubach überquert wird. Am genau neben der Straße liegenden Hartenstein trifft man so gut wie immer Kletterer an. Unser Pfad schlängelt sich nun links der Straße weiter: am Richard-Wagner-Fels vorbei, der im Profil tatsächlich dem Bayreuther Meister gleicht, zur **Reichelsmühle**, weiter zur **Ziegelmühle** und unter Felsen an der **Hacker**- und der **Schottermühle** vorbei.

Kurz vor **Obertrubach** passieren wir einen Kinderspielplatz und – die müden Füße nehmen es dankbar an – eine Kneippanlage, dann ist die gefaßte Quelle unseres Flüßchens erreicht.

# 28 Wichsenstein, 588 m, und Wolfsschlucht

Aussichtsreiches Bergauf-Bergab über dem Trubachtal

**Wannbach – Ühleinshof – Wichsenstein – Wolfsschlucht – Schweinthal – Hardt – Schiessenstein – Unterzaunsbach – Wannbach**

**Ausgangsort:** Wannbach im Trubachtal, an der Einmündung des Urspringtals.
**Ausgangspunkt:** Wanderparkplatz am Ortseingang von Wannbach.
**Weglänge:** Etwa 13 km.
**Gehzeit:** Etwa 3½ Std.
**Markierungen:** Wannbach – Wichsenstein: rote Raute; Wichsenstein – Schweinthal: Diagonal geteiltes, rot-weißes Rechteck; Schweinthal – Unterzaunsbach: roter u. gelber Kreis; Unterzaunsbach – Wannbach: blauer Querstrich.

**Anforderungen:** Überwiegend schmale, manchmal steile Pfade, die stellenweise Trittsicherheit erfordern. Anstrengendes Auf und Ab.
**Einkehrmöglichkeiten:** Ghs. in Wannbach, Wichsenstein und Unterzaunsbach (Brauerei-Gasthof Meister mit nettem Biergarten u. süffigem Bier!).
**Kurzvariante:** Wer sich den zweiten, steilen Aufstieg nach Hardt sparen will, wandert von Schweinthal auf dem Trubachtalweg (blauer Querstrich) nach Wannbach zurück.

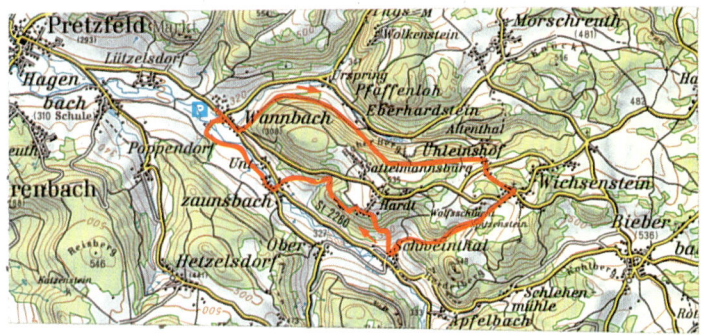

Mitten im kleinen Dörfchen Wichsenstein erhebt sich der ehemalige Burgfelsen, von dem der Ort seinen Namen hat, und er ist mit 588 Metern Meereshöhe einer der besten Aussichtspunkte weit und breit. Ringsum breiten sich von hier die sanften, bewaldeten Kuppen der Frankenalb aus. Fast noch mehr beeindruckt aber auf dieser Wanderung der steile Abstieg durch die wildromantische Wolfsschlucht mit ihren verwegenen Felsgestalten. Daß die Tour mit dem direkt über dem Trubachtal gelegenen Schiessenstein noch einen zweiten Aussichtspunkt zu bieten hat, hat den üblichen Schweiß-Preis. Doch der Einsatz lohnt sich.

Die *rote Raute* führt von Wannbach nach Wichsenstein: Wir durchqueren **Wannbach** und biegen am Ortsende nach links ab. Ein geschotterter Fahr-

*Blühende Streuobstwiese am Ortsausgang von Wannbach.*

weg zieht bergan und geht bald in einen romantischen Waldpfad über. Auf der Höhe wird der Wald verlassen. Ein bequemer Höhenweg führt nach **Ühleinshof**. Über dem Urspringtal beeindruckt das mächtige Massiv des Röthelfels. Am Ortseingang von Ühleinshof wenden wir uns nach rechts und steigen geradeaus steil hinauf nach **Wichsenstein**. Eine Treppenanlage führt auf den kreuzgeschmückten Aussichtsfelsen. Das *rot-weiße, diagonal geteilte Rechteck* führt hinab nach Schweinthal: Wir verlassen Wichsenstein nach rechts, dem Ww. zum Sportplatz folgend. Ein Feldweg führt von dort immer geradeaus bergab in die **Wolfsschlucht**. Der steile Schluchtweg passiert mehrere Felsen, unter anderem den phantastischen Hängenden Stein. Ein Bächlein begleitet uns zum Schluß nach **Schweinthal**.

Nun führt uns der *rote Kreis* nach Hardt: Kurz bevor wir die Durchgangsstraße erreichen, weist ein Ww. an einer Scheune nach rechts Richtung Hardt und Schiessenstein. Im Linksbogen steigen wir am Hang entlang bergwärts. Schließlich führt ein schmaler Pfad steil hinauf nach **Hardt**. Geradewegs weiter durch den kleinen Ort. Der *rote* und der *gelbe Kreis* führen nach Unterzaunsbach: Kurz nach dem Ortsende von Hardt im Linksbogen auf ein eingezäuntes Grundstück zu und auf einem Pfad rechts am Zaun vorbei. Der weiche Waldpfad führt nun immer am Kamm entlang zum aussichtsreichen **Schiessenstein**. Noch ein kurzes Stück am Kamm entlang weiter, dann steigt das Pfädchen linkshaltend steil ins Tal hinab. Ein Hohlweg entläßt uns schließlich nach **Unterzaunsbach**. Jenseits der Trubach führt der *blaue Querstrich* des Trubachtalweges bequem zurück nach **Wannbach**.

# 29 Burgstein und St. Moritz

Über weite Höhen zur kleinen Kapelle mit großer Aussicht

**Egloffstein – Egloffsteinerhüll – Seidmar – Burgstein – St. Moritz – Hundshaupten – Wildgehege – Egloffstein**

**Ausgangsort:** Egloffstein, Haupt-Fremdenverkehrsort im Trubachtal.
**Ausgangspunkt:** Wanderparkplatz am Ortsende von Egloffstein (Richtung Hammerbühl).
**Weglänge:** Etwa 20 km.
**Gehzeit:** 6–7 Std.
**Markierungen:** Egloffstein – St. Moritz: gelbes Kreuz; St. Moritz – Egloffstein: grüner Diagonalstrich.
**Anforderungen:** Weite, aussichtsreiche Wanderung auf abwechslungsreichen Wald- und Feldwegen.
**Einkehrmöglichkeiten:** Ghs. in Egloffstein, Egloffsteinerhüll und Brauerei-Gasthof Pöhlmann in Hundshaupten (nur Brotzeiten, aber ein ausgezeichnetes, vollmundiges Bier).
**Sehenswürdigkeiten:** Burg Egloffstein, älteste Bauteile aus dem 12. Jh., (die Burg kann nur von außen besichtigt werden) mit Burgkirche St. Bartholomäus (1750/52). Kapelle St. Moritz (meist verschlossen). Museum Schloß Hundshaupten, geöffnet von Ostern – 31. Oktober an Wochenenden und Feiertagen von 14.00 – 17.00 Uhr; dann stündlich Gruppenführungen (oder nach Voranmeldung). Wildgehege Hundshaupten, geöffnet von Ende März bis Anfang November täglich von 9.00–17.00 Uhr. Im Winter samstags, sonntags und an Feiertagen von 10.00–15.00 Uhr; Eintritt 4,– DM.
**Kurzvariante:** Von Seidmar nach St. Moritz und wie beschrieben weiter bis der grüne Diagonalstrich den Waldrand verläßt. Nun auf der Straße nach Seidmar zurück; 1 Std.

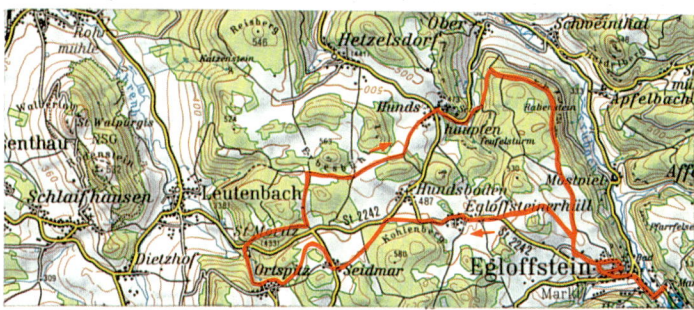

Das kleine Wallfahrtskirchlein St. Moritz ist schon ein ganz besonderer Ort, und nicht nur deshalb, weil man den Wassern der nahe gelegenen Quelle einst wundersame Heilwirkung zuschrieb. Idyllisch und geschützt zu Füßen des Burgsteins am Waldrand gelegen, hat es einen wunderbaren Ausblick auf das sich breit aus dem Land erhebende »Walberla« (Ehrenbürg). Der 503 Meter hohe Burgstein, auf dem sich vor mehr als 900 Jahren angeblich die namensgebende Burg befand, steigert die Aussicht noch ein wenig, nicht zuletzt deshalb, weil er St. Moritz miteinbezieht.

Auf einer Markierungssäule in Ortsmitte von **Egloffstein** weist das *gelbe Kreuz,* das uns bis nach St. Moritz führen wird, links zur Burg hinauf. Nach den letzten Häusern zweigen wir nach rechts auf einen Feldweg ab. Über aussichtsreiche, sonnige Höhen wird **Egloffsteinerhüll** erreicht. Etwa 500 Meter nach dem Ort macht die Straße eine Rechtskurve. Hier wandern wir über eine Streuobstwiese geradeaus zum gegenüberliegenden Waldeck. Dort treffen wir erneut auf die Straße, verlassen sie jedoch gleich wieder nach links, um ein Waldstück zu durchqueren. Auf einem Fahrsträßlein kommen wir nach **Seidmar**. Rechtshaltend durch den kleinen Ort und einige 100 Meter nach ihm nach links auf einen Feldweg abzweigen.

*Malerisch – die Burg Egloffstein.*

In einer Rechts-Links-Schleife durch den Wald. Nun heißt es auf die Abzweigung des Pfades achten: Kurz nachdem der Forstweg den Wald wieder verlassen hat, führt ein zunächst schlecht bezeichneter Weg nach rechts erneut in den Wald hinein. Bald zieht ein kurzweiliges Waldwurzelpfädchen zum **Burgstein**. Am Kamm entlang weiter, bis ein Ww. links hinab zur **Kapelle St. Moritz** weist.
Jenseits des an der Straße gelegenen Wanderparkplatzes, an dem sich die gefaßte Quelle befindet, geht es auf Holztreppen geradewegs im Wald empor. An einer Wiese folgen wir dem Ww. Richtung Hundshaupten und wandern, nun immer vom *grünen Diagonalstrich* begleitet, rechtshaltend steil bergaufwärts weiter. Nach dem Wald führt der Weg über eine Wiese bis zu einer Forststraße. Die Markierung weist schräg linkshaltend in einen Waldweg. Am Ende des Waldes halten wir uns links bergauf, durchqueren ein Feld, ein kurzes Waldstück und kommen erneut über ein Feld. Am jenseitigen Waldrand nach rechts. Nach einem kurzen Waldstück wird eine Scheune erreicht. Nach links zieht eine Kirschbaumallee geradewegs nach **Hundshaupten**. Auf der Straße weiter bis zum **Wildgehege**. Unmittelbar danach verläßt die Markierung die Straße nach rechts. In weitem Bogen zieht ein Forstweg bergauf. Auf der Höhe lassen wir den Wald hinter uns und gelangen auf aussichtsreichen Feldwegen – Gößweinstein ist am Horizont zu erkennen – nach **Egloffstein** zurück. Der Weg führt durch die malerische Burganlage in die Ortsmitte hinab.

# 30 Großenoher Tal und Signalstein, 582 m

Durch verträumte Täler zu einem hohen Aussichtspunkt

**Egloffstein – Thuisbrunn – Dörnhof – Großenohe – Schossaritz – Wolfsberg – Sorg – Signalstein – Hammerbühl – Egloffstein**

**Ausgangsort:** Egloffstein, Fremdenverkehrszentrum des Trubachtals.
**Ausgangspunkt:** Wanderparkplatz am Ortsende von Egloffstein (Richtung Hammerbühl).
**Weglänge:** Etwa 20 km.
**Gehzeit:** Etwa 6–7 Std.
**Markierungen:** Egloffstein – Thuisbrunn: grüner Kreis; Thuisbrunn – Großenohe: blauer Senkrechtstrich; Großenohe – Schossaritz: Straße; Schossaritz – Signalstein: roter Punkt; Sorg – Egloffstein: gelbes Kreuz u. grüne »5«.
**Anforderungen:** Überwiegend bequeme Feldwege und idyllische Waldpfade; von Großenohe nach Schossaritz leider Asphalt. Insgesamt anstrengend, weil es zweimal die Höhe über dem Tal zu erreichen gilt.
**Einkehrmöglichkeiten:** Ghs. in Egloffstein, Thuisbrunn, Großenohe und Wolfsberg.
**Sehenswürdigkeiten:** Burgruine Thuisbrunn (nicht zu besichtigen), Burgruine Wolfsberg (Aussichtspunkt); Aussicht vom Signalstein.
**Kurzvarianten:** Man kann die Wanderung auch in zwei sehr schöne, kürzere Rundtouren aufteilen: 1. Wie beschrieben nach Großenohe und von dort mit dem grünen Querstrich durch das Tal und nach Egloffstein zurück; etwa 12 km.
2. Von Egloffstein mit dem blauen Querstrich (Trubachtalweg) nach Wolfsberg und von dort wie beschrieben weiter; etwa 12 km.
**Hinweis:** Bierfreunden sei empfohlen, von Thuisbrunn einen Abstecher (ca. 1 km) nach Hohenschwärz zu machen. Das dunkle, untergärige Bier der Brauerei Hofmann ist wirklich eine Wucht.

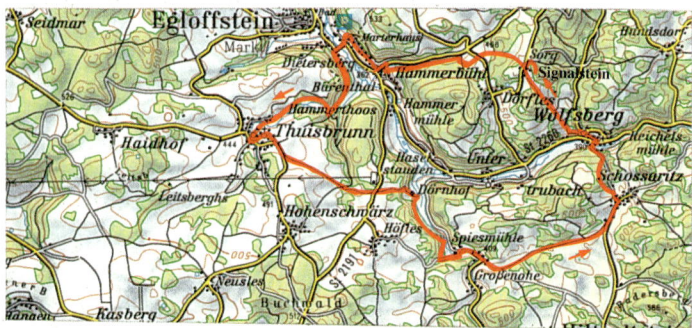

Während das Trubachtal durch die Durchgangsstraße viel von seinem ursprünglichen Reiz verloren hat, sind die beiden kleinen Seitentäler, das Todsfelder und das Großenoher Tal, landschaftliche Kleinode geblieben. Gerade das Großenoher Tal mit seinen Mühlen und Gehöften erinnert ein wenig wehmütig daran, wie idyllisch die Täler der Fränkischen Schweiz erst waren, bevor die großen Straßen kamen ... Bleibt zu hoffen, daß dem Tal selbst das Asphaltschicksal erspart bleibt, welches den Lange Leite genannten Wegabschnitt zwischen Großenohe und Schossaritz bereits ereilt hat. Wie der Hinweg dieser Wanderung von den Tälern bestimmt wird, so beherrschen den Rückweg die aussichtsreichen Höhen. Bereits von der Burgruine Wolfsberg, von der nur noch ein paar Mauerreste auf hohem Fels erhalten sind, hat man einen schönen Tiefblick auf das Trubachtal. Richtig in die Weite schweifen kann der Blick allerdings erst am Signalstein, mit 582 Metern einer der höchsten und besten Aussichtspunkte der Fränkischen Schweiz.

*Mit dem Fels verwachsen – die Burgruine Wolfsberg über dem Ort.*

*Vom Signalstein schweift der Blick weit über die Kuppen der Fränkischen Schweiz.*

Vom Wanderparkplatz in **Egloffstein** führt uns zunächst das *blaue Kreuz*, dann der *grüne Kreis* nach Thuisbrunn: Wo die Straße in den Ort eine scharfe Rechtskurve macht, biegt der Wanderweg nach links ab und begleitet, bald lauschig unter einem Blätterdach geborgen, den plätschernden Bach. Bei **Hammerthoos** übernimmt der *grüne Kreis* die Führung bis nach **Thuisbrunn**. Ab der sehenswerten Kirche dort folgen wir dem *blauen Senkrechtstrich*: Nach dem Ort beim zweiten abzweigenden Feldweg (Fahrradweg Richtung Höflas) nach links und immer geradeaus zum malerischen **Dörnhof** im Großenoher Tal. Direkt an diesem Gehöft weist die Markierung nach rechts in ein schmales, romantisches Wiesenpfädchen, welches den murmelnden Bach talaufwärts begleitet. Gegen Ende des Tales geht es nach links in den Talgrund hinab. An der **Spiesmühle** vorbei erreichen wir das Schottersträßchen, dem wir nach rechts nach **Großenohe** folgen. Nun immer geradeaus und bald auf der wenig befahrenen Straße über die Lange Leite hinauf zu einer Kreuzung kurz vor **Schossaritz**.
Nach links in den Ort und diesen auf der ersten Straße nach links wieder verlassen. Der *rote Punkt* führt uns nun weiter: Wo der Feldweg sich teilt, folgen wir dem unteren Weg steil hinab nach **Wolfsberg**. Über die Trubach, die Hauptstraße linkshaltend überqueren und auf einem Waldweg, schließlich

auf steilen Stufen hinauf zur aussichtsreichen Burgruine. Unterhalb des bei der Ruine gelegenen Hauses führt der *rote Punkt* auf einem Waldweg weiter. Aufgepaßt: Unterwegs gabelt sich der Weg an einer Johannisbeerhecke – hier müssen wir nach rechts und geradewegs steil empor nach **Sorg**. Dort auf der Straße nach rechts und etwa 100 Meter später nach rechts zum **Signalstein** abzweigen. Wir kommen zu einem Felsensemble mit Rastbänken. Der Signalstein wurde durch eine Eisenleiter der Allgemeinheit zugänglich gemacht.

Zum Weiterweg nach Egloffstein kehren wir zurück nach **Sorg**. Vor der Bushaltestelle weist das *gelbe Kreuz* nach rechts. Auf einem Wiesenweg wandern wir hinab, bis nach links ein mit *grüner »5« im Dreieck* markierter Pfad in den Wald abzweigt. Dieser abwechslungsreiche Weg führt mit vielen überraschenden Wendungen hinab bis **Hammerbühl**. Hier folgen wir der Straße kurz nach links, bis das *gelbe Kreuz* nach rechts, zum Schluß mit schönem Blick auf die Burg, zum **Ausgangspunkt** zurückführt.

*Der Ort Egloffstein wird von der gut erhaltenen Burganlage dominiert.*

# 31 Burgruinen Leienfels und Bärnfels

Auf Waldwegen zu romantischer Aussichtsbühne

**Obertrubach – Leienfels – Soranger – Bärnfels – Gründleinstal – Obertrubach**

**Ausgangsort:** Obertrubach, Fremdenverkehrsort im obersten Trubachtal.
**Ausgangspunkt:** An der Straße Obertrubach – Bärnfels befindet sich kurz nach Obertrubach auf der rechten Straßenseite ein Wanderparkplatz (»Therapeutischer Wanderweg Pitztal«).
**Weglänge:** Etwa 10 km.
**Gehzeit:** Etwa 3 Std.
**Markierungen:** Wanderparkplatz – Soranger: Herz u. blaues Kreuz; Soranger – Bärnfels: blauer Punkt; Bärnfels – Wanderparkplatz: grüne Raute.
**Anforderungen:** Überwiegend bequeme Waldwanderwege.
**Einkehrmöglichkeiten:** Ghs. in Obertrubach, Leienfels und Bärnfels.
**Sehenswürdigkeiten:** Die malerischen Ruinen der Burgen Leienfels und Bärnfels.

**Hinweis:** Besonders schön ist diese Wanderung im Herbst, wenn sich das Laub der vielen Buchen golden färbt.

Das kleine, abgelegene Dörfchen Leienfels ist bis heute ein verträumtes Bergnest geblieben. Von seiner 590 Meter hoch gelegenen Burg stehen nur noch Mauerreste mit Fenstersimsen und einem Torbogen, durch den wir eintreten in einen Raum, der dort zur Fürstenloge wird, wo er abrupt am Abgrund endet: So weit das Auge reicht, schmiegen sich sanfte, bewaldete Kuppenwellen gelassen in den Horizont. Vor allem in den Abendstunden ist die Ruhe dort vollkommen. Schön ist auch die Ruine Bärnfels, doch ganz anders im Charakter – mit Blick auf die verschlafene Idylle des Orts. Schließlich der Rückweg durch das stille Gründleinstal mit seinen verwunschenen Felsgestalten – viel schöner kann eine Wanderung kaum sein.

Vom **Wanderparkplatz** folgen wir der *Herz-Markierung* des therapeutischen Wanderwegs, der den Hauptweg nach links verläßt und als schöner schmaler Pfad unter einem schattigen Blätterdach weiterführt. Wo das *»Herz«* in einer scharfen Linkskurve abbiegt, wandern wir auf dem Pfad geradeaus weiter, dem *»Herz«* nun in Gegenrichtung folgend. So erreichen wir einen Forstweg, auf dem ein Ww. nach links Richtung Leienfels weist. Nun führt uns das *blaue Kreuz* weiter: zunächst auf schmalem Pfädchen, dann auf einem steilen Waldweg geradewegs empor nach **Leienfels**. Im Ort halten wir uns nach links zur Burgruine auf dem Schloßfelsen. Zurück am Gasthof, übernimmt das *blaue Kreuz* (Ww. Richtung Pottenstein) wieder die Führung: Zunächst auf der Straße den Berg hinab. Bald biegen wir nach links auf ein Waldpfädchen ab. Es führt bergauf – bergab, zwei Forststraßen querend, zur Straße nach Graisch, die ebenfalls überquert wird. Jenseits wandern wir über freie Flächen geradeaus weiter bis nach **Soranger**. Gleich am Ortsbeginn verlassen wir das *blaue Kreuz*, das rechtshaltend am Ortsrand entlangweist. Wir gehen statt dessen auf der Straße durch den kleinen Ort. Nach links zweigen zwei Forstwege ab – wir wählen den zweiten. Der Weiterweg ist nun mit *blauem Punkt* gekennzeichnet: Wo der Forstweg sich im Wald verzweigt, halten wir uns rechts und wandern bald am Waldrand und am Rand einer Lichtung entlang weiter. Bei einer weiteren Weggabelung folgen wir dem linken Weg. Später mündet von links her ein Weg aus dem Wald. Hier gehen wir in einer großen Rechtsschleife über freie Flächen weiter, bis wir die Straße nach **Bärnfels** erreichen.

Gleich am Ortsschild geht es links zum Gasthaus empor. Zwischen dem Gasthaus und einer Scheune führt ein unbezeichneter Pfad kurz nach links und direkt weiter zur Burgruine. In den alten, gut renovierten Gemäuern findet sich ein romantischer Rastplatz mit schönem Blick auf den Ort. Von dort steigen wir auf dem Fußweg hinab ins Dorf und folgen nun der *grünen Raute* nach links ins **Gründleinstal**. Ein idyllisches Pfädchen schlängelt sich durch das schöne, felsenbestandene Tal hinab zum **Ausgangspunkt**.

*Die »Aussichtsloge« der Burgruine Leienfels.*

# 32 Teufelstisch und Kasberger Linde

Über den Eberhardsberg zur tausendjährigen Linde

**Gräfenberg – Teufelstisch – Kasberg – Gräfenberg**

**Ausgangsort:** Gräfenberg, an der B 2 gelegen, Endstation der Bahnlinie Nürnberg – Gräfenberg.
**Ausgangspunkt:** Marktplatz.
**Weglänge:** 13 km.
**Gehzeit:** Etwa 4 Std.
**Markierungen:** Gräfenberg – Teufelstisch: blauer Querstrich; Teufelstisch – Kasberg: gelber Querstrich; Kasberg – Gräfenberg: blaues Kreuz.
**Anforderungen:** Überwiegend Wald- und Wiesenpfade, auf dem Rückweg Feldwege. Nur in den Ortsbereichen Asphalt.
**Einkehrmöglichkeiten:** Mehrere Ghs. in Gräfenberg (darunter Brauerei-Gasthof Friedmann und Lindenbräu).
**Sehenswürdigkeiten:** Gräfenberger Marktplatz. Im »Wolfsberger Schloß« war der Ritter Wirnt von Gräfenberg zu Hause, der den »Wigalois«, eines der bekanntesten Versepen des Mittelalters, verfaßt hat. Vor dem Hilpoltsteiner Stadttor befindet sich eine angeblich von Kaiserin Kunigunde (gest. 1033) gepflanzte Linde.
**Kurzvariante:** Vom Teufelstisch führt der blaue Querstrich über Guttenburg nach Gräfenberg zurück; etwa 7 km.

Auf dem Eberhardsberg findet sich ein eigenwilliger, großer Felstisch, von dem die Sage erzählt, der Teufel hätte dort einst den Ritter Kuno, Schloßherr zu Gräfenberg und wüsten Gelagen nicht abgeneigt, zum mitternächtlichen Mahl empfangen. Der Ritter schlug nach der schweigend eingenommenen Mahlzeit ein Kreuz zum Dankgebet, da mußte der Teufel fluchend weichen, und so war die Seele des Ritters gerade noch einmal gerettet. Wie dem auch sei, die Herren müssen jedenfalls von beeindruckender Statur gewesen sein, Normalsterbliche können nämlich kaum über die steinerne Tischkante blicken. Weniger im Bereich der Sage angesiedelt ist die Geschichte der Kasberger Linde. Sicher ist, daß bereits Mitte des 14. Jahrhunderts unter ihren Blättern ein Landgerichtstag abgehalten wurde. Der Stamm des vielfach gestützten Baum-Methusalems wirkt wie ein versteinertes Gerippe, doch die Lebenskraft des mächtigsten Astes ist noch ungebrochen.

Vom sehenswerten Marktplatz in **Gräfenberg** gehen wir zunächst ein Stück auf der Straße Richtung Walkersbrunn. Bald weist uns ein Schild nach links in den Teufelstischweg. *Blauer Querstrich* und *blauer Kreis* führen uns an der Kirche vorbei zum Ort hinaus. Durch schönen Buchenwald gelangen wir bergaufwärts zu einer freien Fläche mit Wegkreuz. Ab hier gilt es gut auf die

Markierung zu achten. Mit dem *blauen Querstrich* scharf nach links. Nach etwa 100 Metern verzweigen sich der blaue Kreis (er führt links bergab) und der *blaue Querstrich*, dem wir weiter folgen: Geradeaus an einer Hecke entlang über ein Feld und jenseits auf nun deutlichem Waldweg weiter bis zum **Teufelstisch**.

Nun führt der *gelbe Querstrich* weiter über den Eberhardsberg. Ein Feldweg wird gekreuzt. Wo unser Weg den Wald verläßt, folgen wir dem Feldrain nach rechts, bis die Markierung wieder nach links in den Wald weist. Gleich geht es wieder an einem Feldrain entlang. Am Ende des Feldes führt der *gelbe Querstrich* leicht linkshaltend auf einem schönen, schmalen Pfad zum aussichtsreichen Steinbuckel (Rastbänke). Auf dem Pfad weiter bis zu einem Feldweg, wo die Markierung nach links weist (rechts führt der Weg nach Guttenburg). Nach einem Obstacker zweigt die Markierung nach rechts auf einen Waldweg ab. Nun immer geradeaus, eine Straße überqueren und jenseits auf einem Feldweg weiter. Bei der nächsten Wegkreuzung mit der Markierung nach rechts. Immer geradeaus gelangen wir auf die Straße, die links nach **Kasberg** führt.

In das kleine Dorf und von der Ortsmitte aus linkshaltend zur tausendjährigen Linde (Rastbänke) am anderen Ortsende. Wir verlassen den Ort von hier aus auf der Straße Richtung Neusles und biegen schließlich auf den ersten Feldweg ein, der nach dem Ort rechts abzweigt. Er bringt uns bis dorthin zurück, wo wir beim Herweg auf die Straße getroffen sind.

Der Rückweg ist (leider etwas spärlich) mit *blauem Kreuz* markiert. Wir folgen dem Schotterweg nach links, bis zum zweiten abzweigenden Feldweg bei einem Waldstück. Dieser Weg führt nach rechts, teilweise durch Wald, zurück nach **Gräfenberg**.

*Eine Falte der »Tausendjährigen«.*

# 33 Lillachtal und Großenoher Tal

Durch ein Tal mit bezaubernden Kalksinterstufen und über freie Fluren

**Gräfenberg – Weißenohe – Dorfhaus – Lillingbrunnen – Lilling – Wölfersdorf – Kappel – Großenohe – Gräfenberg**

**Ausgangsort:** Gräfenberg, sehenswertes Städtchen mit mittelalterlichem Stadtbild, an der B 2 gelegen, Endstation der Bahnlinie Nürnberg – Gräfenberg.
**Ausgangspunkt:** An der Abzweigung von der B 2 zum Ortszentrum; Parkplatz (Norma).
**Weglänge:** Etwa 19 km.
**Gehzeit:** Etwa 6 Std.
**Markierungen:** Gräfenberg – Dorfhaus: wechselnde Markierungen; Dorfhaus – Lillingbrunnen gelber Querstrich; Lillingbrunnen – Kappel: roter Punkt; Kappel – Großenohe: unbezeichnet; Großenohe – Gräfenberg: gelber Kreis (sehr spärlich).
**Anforderungen:** Überwiegend bequeme Feldwege mit kurzen asphaltierten Abschnitten, teilweise un- oder schlecht bezeichnet.
**Einkehrmöglichkeiten:** Ghs. in Gräfenberg (darunter Brauerei-Gasthof Friedmann und Lindenbräu), Ghs. in Weißenohe (Klosterbrauerei), Ghs. in Kappel und Großenohe.
**Sehenswürdigkeiten:** Barockkirche des ehemaligen Benediktinerklosters in Weißenohe. Sinterterrassen der Lillach.
**Kurzvariante:** Vom Lillingbrunnen mit blauem Punkt zurück nach Gräfenberg; etwa 11 km.

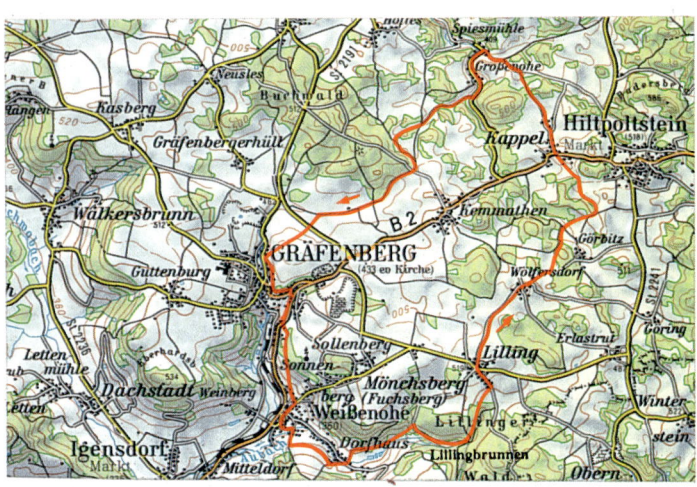

Das Lillachtal ist ein seltenes landschaftliches Kleinod: Über fein ziselierte Kalksinterstufen plätschert das Flüßchen zu Tal. Ein kurzes Stück darf der Wanderer diesem zerbrechlichen Werk der Natur folgen, ehe er auf weichen Waldpfaden die breit aus dem Fels strömende Karstquelle erreicht. Der weitaus größte Teil dieser ruhigen Wanderung führt über offenes, freies Land.

Der *blaue Punkt* führt von **Gräfenberg** kurz neben der B 2 nach Süden, bevor er links emporsteigt und am Hang entlang nach **Weißenohe** zieht. Vor dem Ort verlassen wir die Markierung und wandern direkt zur Kirche hinab. *Gelbe* und *blaue Raute* führen dorfauswärts. Über den Bach, ein Stück bergan, dann verlassen wir oberhalb der letzten Häuser auch diese Markierung und folgen statt dessen dem Ww. »Lillachtal« auf einem Wiesenweg nach links. Vor **Dorfhaus** treffen wir auf einen Querweg. Mit ihm kurz nach rechts bergan und so in das kleine Dörfchen. Nun führt der *gelbe Querstrich* weiter bis zum Lillingbrunnen: Zunächst begleitet der Pfad den Bach, dann weist uns die Markierung nach links in den »Teufelsgraben« empor. Der schmale Pfad führt schließlich über den »Schaftrieb« leicht bergab weiter bis zum **Lillingbrunnen**.

Der *rote Punkt* bringt uns nun nach links weiter bis nach **Lilling**. Geradewegs durch den kleinen Ort und auf dem wenig befahrenen Fahrsträßchen nach **Wölfersdorf**. Etwa 200 bis 300 Meter nach diesem Ort verlassen wir die Straße nach links auf einen Feldweg, der geradewegs in den Wald führt. Der *rote Punkt* zieht nun in einem Rechtsbogen um Görbitz herum und steigt schließlich nach links leicht bergan. Wo die ersten Häuser von Hiltpoltstein sichtbar werden, begleitet der *rote Punkt* den Waldrand nach links. In einer Rechts-Links-Schleife wird **Kappel** erreicht. Wir folgen der Hauptstraße kurz nach links und biegen vor dem Gasthaus rechts ab. Bei einer außerhalb des Ortes liegenden Häusergruppe gabelt sich die Straße. Wir wählen den linken, anfangs noch asphaltierten Weg. Ohne Markierung wandern wir über sonniges, freies Land ins idyllische **Großenohe**. Am Talhang dort grüßen die »Drei Zinnen«, eine Miniaturausgabe der Namenspatronen.

Zunächst geht es mit dem *blauen Senkrechtstrich* weiter: Einige hundert Meter nach dem Ort biegen wir von der Straße nach rechts auf einen Feldweg ab. Etwa 800 Meter später verlassen wir bei einer Wegverzweigung den geradeaus weiterführenden blauen Strich und wandern im rechten Winkel am Waldrand nach links. Achtung: nun nicht mit dem roten X gleich wieder nach links, sondern immer geradeaus weiter. Unmittelbar bevor der Weg in einer Wiese endet, folgen wir einem Weg am Waldrand entlang nach rechts. Bei der nächsten Weggabelung nach links. Dieser Weg endet am Waldrand. Wir wandern über Felder zum gegenüberliegenden Waldrand, wo wir einen Forstweg erreichen, dem wir nach links folgen. Wo dieser den Wald verläßt und die ersten Häuser von Kemmathen sichtbar werden, halten wir uns am Waldrand entlang nach rechts. Die ersten 100 Meter sind noch weglos, dann führt ein bequemer Feldweg geradeaus weiter. Bei einer Weggabelung nach einer einzelnstehenden Scheune wählen wir den linken Weg, der uns geradeaus zur Straße bringt. Jenseits geradeaus weiter bis zu den ersten Häusern von **Gräfenberg**. Nun führt der *blaue Punkt* links oben am Hang am aussichtsreichen Kriegerdenkmal auf dem Michaelsberg vorbei direkt zum Ausgangspunkt zurück.

# 34 Eibengrat

Romantischer Felsensteig für Trittsichere

## Spies – Eibengrat – Eibenthal – Klausberg – Hunger – Betzenstein – Reuthof – Eibenthal – Spies

**Ausgangsort:** Spies, kleiner, vom Fernsehturm überragter Ort, in unmittelbarer Nähe der A 9, Ausfahrt Hormersdorf.
**Ausgangspunkt:** Wanderparkplatz Eibengrat, etwa 800 m außerhalb von Spies: Wo die Straße von Spies Richtung Hetzendorf/Betzenstein eine Linkskurve macht, führt ein asphaltierter Fahrweg geradeaus an den Waldrand. Dort befindet sich der Parkplatz.
**Weglänge:** Etwa 15 km.
**Gehzeit:** Etwa 5 Std.
**Markierungen:** Spies – Eibengrat: roter Querstrich; Eibengrat – Eibenthal: blauer Punkt u. unbez.; Eibenthal – Klausberg: roter Punkt; Klausberg – Betzenstein: gelber Punkt; Betzenstein – Spies: blauer Querstrich.
**Anforderungen:** Der Eibengrat verlangt Trittsicherheit, einzelne Passagen auch Schwindelfreiheit, diese können aber alle leicht umgangen werden. Bei Nässe wird der Steig gefährlich rutschig! Ansonsten herrschen bequeme, stille Wald- und Feldwege vor.
**Einkehrmöglichkeiten:** Mehrere Ghs. in Betzenstein sowie Wald-Ghs. Reuthof.
**Sehenswürdigkeiten:** In Betzenstein der Tiefe Brunnen (92 m) aus dem 16. Jh. am Unteren Stadttor sowie das Heimatmuseum mit mineralogischer Sammlung.
**Kurzvariante:** Mit rotem Strich über den Felsensteig bis nach Eibenthal und mit blauem Querstrich zurück nach Spies; etwa 6 km.

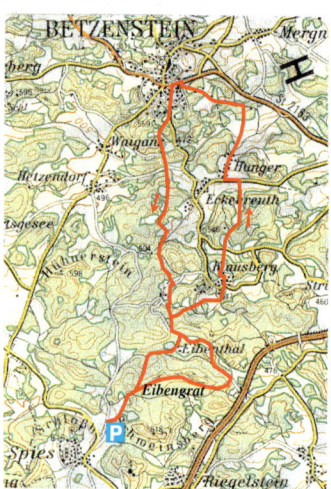

Wer sich auf schnurgeraden Forstwegen langweilt und lieber etwas abenteuerliche Pfade sucht, für den ist der Eibengrat genau das Richtige. Für Abwechslung und Überraschung ist hier gesorgt, denn so genau weiß man nie, was hinter dem nächsten Riegel dieses langgezogenen Felskamms auf einen wartet – ein schmaler Grat, ein Durchschlupf oder eine Querung auf verschlungenem Pfad? Felsberührung und wechselnde Perspektiven sind es in jedem Fall! Damit keine böse Überraschung daraus wird, sollte man trittsicher und etwas geschickt sein, und nicht von allzu heftigem Schwindel geplagt. Aber keine Angst, die ausgesetzteren Passagen lassen sich alle auf bequemen Pfadspuren umgehen. Wer lieber den gesamten Felsensteig meiden will, findet trotzdem eine empfehlenswerte, ruhige Wanderung auf abwechslungsreichen Waldpfaden vor.

Vom **Wanderparkplatz** führt der *rote Querstrich* am Waldrand entlang. Wo der Pfad in den Wald eintaucht, befindet sich ein Ww. mit rotem Punkt und blauem Strich (Richtung Reuthof). Keine 5 Minuten später weist ein Ww. mit *rotem Punkt* nach links zum **Eibengrat**. (Wer den Eibengrat nicht begehen möchte, folgt dem blauen Querstrich bis zum Einödhof Eiben-thal.) Ein Felsdurchlaß markiert den Beginn des deutlich mit *rotem Querstrich* markierten Steigs, der nun dem Felskamm nach rechts folgt. Der Wegverlauf ist nicht zu verfehlen. Etwa auf der Hälfte des Grates zweigt die Markierung überraschend nach links an den Fuß der Felsen ab, um so den ausgesetzten Grat zu meiden. Unmittelbar danach erklimmt eine steile Leiter wieder den hohen Kamm. Der weitere Kammverlauf läßt eine abwechslungsreiche Felsenwelt entdecken. Zum Schluß entläßt uns ein schmaler Durchschlupf vom Grat.

Wir treffen auf einen querverlaufenden Pfad (*roter Strich* u. *blauer Punkt*), dem wir nach links folgen. Er mündet auf einen mit *blauem Punkt* markierten Forstweg. Hier geht es ebenfalls nach links. An einer Wegverzweigung befindet sich ein Ww. Mit dem *blauen Punkt* Richtung Reuthof wird der Wald verlassen. Wir wandern nun mit der Linkskurve des Forstwegs ohne Markierung zum Hof **Eibenthal**. Unmittelbar vor dem Hof führt ein als Fahrradweg markierter Weg rechtshaltend weiter. Bald fädelt der blaue Querstrich und der rote Punkt von links auf diesen Weg ein. (Wer den Eibengrat umgangen hat, stößt hier wieder auf den beschriebenen Weg.) Beide Markierungen – wir

*Wegkobold, unmittelbar vor der idyllischen Einöde Eibenthal angetroffen.*

*Mittelalterliche Stadtkulisse – die Betzensteiner Fachwerkgiebel.*

folgen dem *roten Punkt* – verlassen alsbald den Forstweg nach rechts. Wenige 100 Meter später verzweigen sich die Markierungen. Wir folgen dem *roten Punkt* nach rechts Richtung **Klausberg**. Im Ort wenden wir uns nach rechts und wandern nun immer mit dem *gelben Punkt* weiter: Kurz nach dem Ort, wo ein Waldstück wieder verlassen wird, treffen wir auf einen Querweg, dem wir kurz nach links folgen, um sogleich die Straße zu überqueren. Jenseits geradewegs bergauf. *Gelber Punkt* und *blauer Kreis* erreichen gemeinsam die Straße nach **Hunger**. Das kleine Nest wird rechtshaltend durchquert. Bei einer Wegverzweigung nach dem Ort halten wir uns links und wandern geradewegs bis zum Waldrand, wo uns der *gelbe Punkt* scharf nach links weist und uns so nach **Betzenstein** bringt.

Der **Rückweg** führt auf der Straße nach Eckenreuth (»Klausbergstraße«) bergauf zum Ort hinaus. Auf der Anhöhe weist ein Ww. nach rechts Richtung Reuthof und Spies. Der *blaue Querstrich* wird uns nun bis zum Ausgangspunkt zurück begleiten. Nach etwa einer Viertelstunde zweigt die Markierung unvermittelt nach links auf ein schmales Pfädchen ab. Dieses mündet auf einen Feldweg, dem wir nach rechts folgen. Nun heißt es immer gut auf die Markierung achten, die uns durch abwechslungsreiches Gelände sicher weiterführt. Eine Waldlichtung, an der der Weg zu enden scheint, wird linkshaltend umgangen, bis man auf einen bezeichneten Querweg stößt. Nach rechts führt der Weg zum idyllisch und ruhig gelegenen **Waldgasthof Reuthof**. Von dort geht es kurz gemeinsam mit dem MD-Zeichen weiter. Wenige Minuten nach dem Reuthof beschreibt der Forstweg eine Rechtskurve. Kurz nach dem Scheitelpunkt der Kurve zweigt der *blaue Querstrich* zusammen mit der »5« nach links auf einen steil bergabwärts führenden Pfad ab. Wir kommen so zurück zur Einödidylle **Eibenthal**. Hier weist uns die Markierung nach rechts. Schließlich zeigt ein Ww. nach links zum Eibengrat und nach **Spies**. Wir kommen wieder am Eibengrat-Einstieg vorbei und erreichen auf dem bekannten Weg den Ausgangspunkt.

*Die abwechslungsreichen Feld- und Waldwege sind im Herbst besonders schön.*

# 35 Burgruinen Wildenfels und Strahlenfels

Verfallene Ritternester und ein versteinerter Elefant

**Betzenstein – Stierberg – Wildenfels – Strahlenfels – Reipertsgesee – Langer Berg – Stierberg – Betzenstein**

**Ausgangsort:** Betzenstein, sehenswertes kleines Fachwerkstädtchen mit Burg und historischem Ortskern (siehe Bild S. 102).
**Ausgangspunkt:** Etwa 200 Meter nach Betzenstein befindet sich ein Wanderparkplatz an der Abzweigung der Straße nach Stierberg.
**Weglänge:** Etwa 16 km.
**Gehzeit:** Etwa 5 Std.
**Markierungen:** Betzenstein – Wildenfels: gelbe Raute; Wildenfels – Strahlenfels: grüner Querstrich; Strahlenfels – Reipertsgesee: grünes Dreieck; Reipertsgesee – Langer Berg: blauer Kreis; Rund um den Langen Berg: Fuchs; Stierberg – Betzenstein: blauer Kreis.
**Anforderungen:** Bequeme, gut bezeichnete Waldwege und -pfade mit wenig Höhenunterschied. Kurze Stücke Asphalt. Der »Fuchsweg« um den Langen Berg ist ein schmaler Steig, der etwas Trittsicherheit erfordert und bei Nässe unangenehm werden kann.
**Einkehrmöglichkeiten:** Ghs. in Betzenstein und in Stierberg.
**Sehenswürdigkeiten:** In Betzenstein: der aus dem 16. Jh. stammende Tiefe Brunnen (92 m) am Unteren Stadttor, Heimatmuseum mit mineralogischer Sammlung. Die Ruinen der Burgen Stierberg (12. Jh.), Wildenfels (14. Jh.) und Strahlenfels, vor allem der Aussicht wegen.
**Kurzvarianten:** 1. Von Betzenstein wie beschrieben nach Stierberg, von hier auf der wenig befahrenen Straße bis zum Beginn des »Fuchswegs« am Langen Berg und wie beschrieben zurück nach Stierberg u. Betzenstein; etwa 9 km.
2. Der rote Kreis führt zu den Sehenswürdigkeiten rund um Betzenstein: Gerhardsfelsen, Klauskirche, Schmidtberg; etwa 1½ Std.
**Hinweis:** 1. Einen schönen Tiefblick auf Betzenstein mit seinen mittelalterlichen Fachwerkgiebeln und der Burg bietet der Aussichtsturm auf dem Schmidtberg; er ist vom Unteren Tor auf einem schönen Pfad in etwa einer halben Stunde zu erreichen.
2. Schräg gegenüber des Ausgangspunkts befindet sich die Klauskirche, eine sehenswerte, große, etwa 30 Meter lange Höhle.

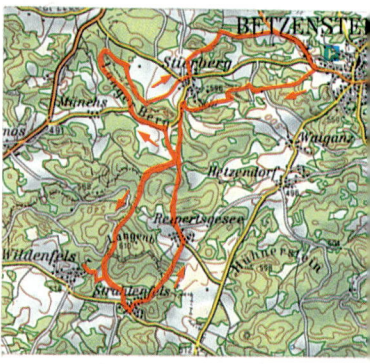

Es erstaunt immer wieder, wie engmaschig das Burgennetz der Fränkischen Schweiz geknüpft ist. So auch auf dieser Waldwanderung. Kaum sind wir eine knappe Stunde gegangen, finden wir hoch oben auf dem bewaldeten Schloßberg (596 m) die Mauerreste der ehemaligen Burg Stierberg. Aus den zerfallenen Gemäuern öffnen sich romantische Tiefblicke auf den Ort. Etwas mehr ist – nicht zuletzt dank der Arbeit der Restauratoren – von der Burg Wildenfels erhalten. Ihr Bergfried ist nur zur Hälfte zerstört, die andere Hälfte ragt steil und schmal aus dem Wald. Zu seinen Füßen, im Schutz der alten Gemäuer, läßt sich's herrlich rasten. Wildenfels wurde vom Markgrafen Albrecht Alcibiades von Brandenburg-Kulmbach im Krieg gegen die Freie Reichsstadt Nürnberg im Jahre 1552 so gründlich zerstört, daß an einen Wiederaufbau nicht mehr zu denken war. Bei der Gelegenheit legte der gründliche Markgraf auch noch die unmittelbar benachbarte Burg Strahlenfels in Schutt und Asche, so daß sich heute auf dem Schloßberg nur noch ein

*Versteinert – der »Jura-Elefant« am Langen Berg.*

*Schmuck – Fachwerkscheune in Strahlenfels.*

paar kümmerliche Mauerreste finden. Auf dem Rückweg ziehen wir eine Schleife um eine natürliche Festung: Der Rücken des Langen Bergs ist mit hohen, verwunschen im Wald stehenden Felsen bestanden, an deren Fuß sich ein romantischer Steig entlangschlängelt und unter anderem dem »Jura-Elefanten« einen Besuch abstattet.

Die *gelbe Raute* führt direkt vom Ortsschild **Betzenstein** zu einem Waldeck und hier auf einem Pfad rechtshaltend weiter. Der gut markierte Waldpfad zieht in leichtem Auf und Ab an Felsen entlang, auf denen einst die **Burg Stierberg** errichtet war (Abstecher hinauf zum Schloßberg auf Pfadspur). Kurz vor dem Ort **Stierberg** kommen wir zur Straße, auf der uns die *gelbe Raute* nach links weist (Ww.). Kurz bevor die Straße den höchsten Punkt erreicht, führt die Markierung nach links in den Wald. Nach einer Waldlichtung halten wir uns rechts und erreichen so auf gut markierten, bequemen Waldpfaden eine malerische Waldlichtung unterhalb der Burgruine **Wildenfels.** Hier zweigt die Markierung grüner Querstrich nach links ab. Bevor wir ihr jedoch folgen, machen wir mit der *gelben Raute* nach rechts einen Abstecher zur Burgruine. Zum Schluß führen steile Stufen zu ihr empor. Auf gleichem Weg kehren wir zur Waldlichtung zurück und wandern nun mit dem *grünen Querstrich* nach links am Waldrand entlang nach **Strahlenfels**.

In der Ortsmitte treffen wir auf das *grüne Dreieck*, das uns nach **Reipertsgesee** führen wird. Der bequeme Waldweg zieht an einigen Felswänden vorbei in das kleine Dorf. Der *blaue Kreis* übernimmt nun die Führung und weist am Ortsende links Richtung Stierberg. Bei einer Aufforstung an einer Waldlichtung treffen wir schließlich wieder auf den bekannten Herweg. Der Forstweg führt zurück zur Straße. Auf dieser wenden wir uns nun nach links bis zu einem Parkplatz in einer scharfen Linkskurve. Nun nach rechts in den Wald und empor zu den Felsen. An deren Fuß treffen wir auf den schmalen »*Fuchssteig*«, dem wir nach links weiter folgen. (Will man sich das kurze Asphaltstück sparen, kann man auch rechts der Straße weglos im Wald schräg bis zu den Felsen ansteigen und auf Pfadspuren zum »Fuchsweg« gelangen.) Der als Rundweg angelegte Steig führt an den vielen Felstürmchen und -wänden des **Langen Bergs** entlang und an der anderen Seite des Berges wieder zurück. Wir schließen den Kreis jedoch nicht ganz, sondern zweigen dort, wo der »Fuchs« wieder bergwärts nach rechts führt, links auf einen Feldweg ab, der uns direkt ins schon sichtbare **Stierberg** bringt. Der *blaue Kreis* führt nun am Landgasthof vorbei zum Dorf hinaus. Auf einem von Wald eingerahmten offenen Feld treffen wir auf einen Querweg, dem wir nach rechts folgen. So kommen wir, am Campingplatz vorbei und das letzte Stück auf der Straße wandernd, zum **Ausgangspunkt** zurück.

*Der Burgfried der Ruine Wildenfels ragt wie ein Finger aus dem Wald.*

# 36 Burg Veldenstein und Geißlochhöhle

Durch stille Wiesengründe in die geheimnisvolle Unterwelt

**Neuhaus – Pfaffenhofen – Kupfertal – Geißlochhöhle – Neuhaus**

**Ausgangsort:** Neuhaus an der Pegnitz, Zugverbindung von Nürnberg und Bayreuth.
**Ausgangspunkt:** Wandertafel am Bahnhof bzw. Burg Veldenstein.
**Weglänge:** Etwa 15 km.
**Gehzeit:** Etwa 5 Std.
**Markierungen:** Neuhaus – Pfaffenhofen: blauer Punkt; Pfaffenhofen – Geißlochhöhle roter Kreis u. gelbes Dreieck. Der Rückweg ist unbezeichnet.
**Anforderungen:** Überwiegend sehr bequeme, sonnige Feld- und Wiesenwege. Kurze Stücke Straße. Waldpfad im Bereich des Geißlochs.
**Einkehrmöglichkeiten:** Ghs. in Neuhaus.
**Sehenswürdigkeiten:** Burg Veldenstein, über Neuhaus, eine der mächtigsten Burganlagen der Fränkischen Schweiz, mit erhaltenem Wehrmauern, Gebäuden und mächtigem Bergfried; zu besichtigen täglich von 9.00–18.00 Uhr. Die Geißlochhöhle, eine ehemalige Schauhöhle.

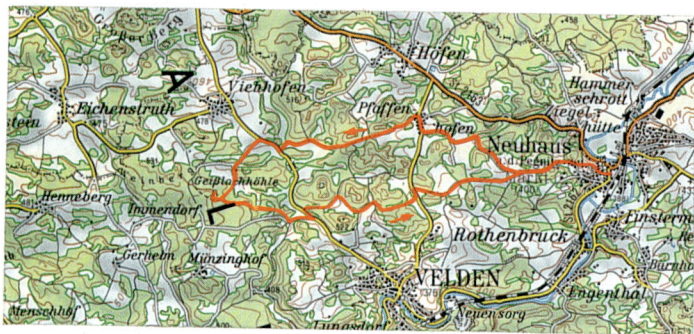

Auf der stillen, waldreichen Hochfläche zwischen Neuhaus und Plech finden sich immer wieder kleine, sonnige Lichtungen und stille Wiesengründe, die nur so einladen zum Wandern, Rasten und Träumen. Ganz im Gegensatz zu diesen lichten, sonnendurchfluteten Rodungsinseln steht das eigentliche Ziel dieser Wanderung: die dunkle, geheimnisvolle »Unterwelt« der Geißlochhöhle. Ganze 145 Meter lang ist diese ehemalige Schauhöhle und relativ gefahrlos zu begehen. Vier größere Kammern gibt es unter der Erde zu entdecken, wassergefüllte Sinterbecken und zeitweise sogar einen Höhlensee.

Gegenüber des Bahnhofs in **Neuhaus** zeigt ein Ww. mit dem *blauen Punkt* den Weg über den Oberen Markt hinauf zur **Burg Veldenstein** an. Wir verlassen den Ort schließlich auf der Burgstraße, dem Ww. und dem *blauen Punkt* Richtung Pfaffenhofen folgend. Auf der Höhe kommen wir an einem hölzernen Kruxifix vorbei und wandern über die weite Hochfläche und durch schöne Wiesengründe nach **Pfaffenhofen**. Den Ort Richtung Höfen durchqueren und am Ortsausgang links abbiegen. Hinter einem Bauernhof treffen wir auf den *roten Kreis*, der uns abermals nach links Richtung Viehhofen weiterführt. Wo das **Kupfertal** in einen weiten Wiesengrund übergeht, müssen wir es leider auf einem Fahrweg nach links verlassen. Wir erreichen die Straße nach Viehhofen. Sie führt nach rechts auf eine kleine Anhöhe, wo wir in den ersten nach links abzweigenden Weg einbiegen. Hier treffen wir auf das *gelbe Dreieck*, das uns weiterführt: Auf Feldwegen kommen wir zu einer Weggabelung. Hier wenden wir uns nach links, steigen leicht bergan und halten am Ende des gepflegten Weges rechtshaltend auf das gegenüberliegende Waldeck zu. Im Wald führt ein markierter Pfad linkshaltend weiter. Windbruch erschwert zunächst die Wegfindung, doch bald steigt das *gelbe Dreieck* gemeinsam mit dem *roten Punkt* auf schönem Waldpfad hinauf zum **Geißloch** (Rastbank, Infotafel).

Mit dem *roten Punkt* auf dem Pfad wieder hinab, weiter bis zu einem Forstweg und auf ihm nach links. Der Forstweg führt geradeaus bis auf die Straße. Nun wandern wir ohne Markierung weiter: Auf der Straße nach links und nach etwa 200 Metern, kurz vor einem Sportplatz, nach rechts in einen Feldweg abbiegen. Wir wandern nun immer am Waldrand entlang weiter (Wald immer links, Wiesen rechts!), bis wir auf einen querverlaufenden Feldweg treffen. Hier wenden wir uns nach links und folgen nun immer dem Hauptweg, der am Waldrand und an sonnigen Rodungsinseln vorbei weiterführt. So erreichen wir die Straße Velden – Pfaffenhofen, die überquert wird.

Nun heißt es im wesentlichen immer geradeaus: Der mit rotem Kreuz markierte Wanderweg wird gekreuzt, ein kurzes Waldstück durchquert, dann treffen wir auf einen querverlaufenden Feldweg. Der geradeaus führende Weg endet hier nur scheinbar: Wir wandern weglos geradeaus am Waldrand entlang weiter, bis wir bei dem hölzernen Kruxifix wieder auf den mit *blauem Punkt* markierten Herweg treffen. Auf ihm kehren wir ins nahe **Neuhaus** zurück.

*Sonnig – Wege am Waldrand.*

# 37 Maximilians- und Vogelherdgrotte

Ein karstkundlicher Wanderpfad voller Überraschungen

**Neuhaus – Distlergrotte – Mysteriengrotte – Schlieraukapelle – Maximiliansgrotte – Weißingkuppe – Steinerne Stadt – Vogelherdgrotte – Krottensee – Neuhaus**

**Ausgangsort:** Neuhaus an der Pegnitz, Zugverbindung von Nürnberg und Bayreuth.
**Ausgangspunkt:** Wandertafel am Bahnhof.
**Weglänge:** Etwa 12 km.
**Gehzeit:** Etwa 4 Std.
**Markierung:** Grüner Punkt.
**Anforderungen:** Überwiegend Feld- und Waldwege, im Bereich der Weißingkuppe und der »Steinernen Stadt« Fels- und Wurzelpfade. Dort auch stellenweise steiles Auf und Ab. Kurzes Stück asphaltiert.
**Einkehrmöglichkeiten:** Ghs. in Neuhaus, an der Maximiliansgrotte, in Krottensee.
**Sehenswürdigkeiten:** Burg Veldenstein (siehe Tour 36). Distlergrotte, eine ehemalige Schauhöhle mit großer Eingangshalle, mehreren Gängen und Schächten, von Oktober bis April zum Schutz der Fledermäuse und anderer Höhlentiere verschlossen; Mysteriengrotte mit großer Eingangshalle; Maximiliansgrotte, eine der sehenswertesten Tropfsteinhöhlen Deutschlands, zu besichtigen von Ostern bis Oktober 9.00–12.00 und von 13.30–18.00 Uhr, sonn- und feiertags durchgehend bis 18.00 Uhr.
**Kurzvariante:** Von der Maximiliansgrotte (Wanderparkplatz) mit dem grünen Punkt bis zur Vogelherdgrotte und von dort mit dem roten Kreuz zurück; etwa 5 km.

Karstkundlicher Wanderpfad nennt sich dieser markierte Rundweg, der in Neuhaus an der Pegnitz startet. Wer hier einen Lehrpfad mit trockenen Infotafeln erwartet, der irrt. Der Weg ist spannend, denn es gilt die vielfältigen Karsterscheinungen dieser Landschaft – Quellen, Höhlen, Klüfte und Dolinen – selbst mit offenen Augen zu entdecken. An nicht weniger als vier Höhlen führt der Weg vorbei, wobei die Maximiliansgrotte als eine der schönsten Schau-Tropfsteinhöhlen Deutschlands gilt.

Vom Bahnhof gehen wir auf der Straße bis über die Pegnitzbrücke und dort scharf nach rechts (Ww.). Links des Flusses führt der *grüne Punkt* auf einem malerischen Uferpfad am Fluß entlang. Karstquellen bilden kleine Teiche. Etwa 300 Meter nachdem eine Straße überquert wurde, zweigen Pfadspuren zu der in halber Hanghöhe im Wald versteckten **Distlergrotte** ab. Der Eingang der Höhle ist bis auf einen schmalen Spalt zugemauert. Die große Eingangshalle ist gefahrlos zu begehen, von einem weiteren Vordringen wird aber aufgrund der tiefen, gefährlichen Schächte dringend abgeraten! Der *grüne Punkt* geleitet uns, teils auf Feldweg, teils auf schmalem Wiesenpfad, weiter. Etwa 200 Meter vor der Straße Krottensee – Königstein führt der Wanderweg unmittelbar an der **Mysteriengrotte** (Rastbänke) vorbei. Die nahe Straße wird linkshaltend überquert. Jenseits wandern wir über eine kleine, bewaldete Anhöhe und schließlich übers freie Feld zur schön gelegenen **Schlieraukapelle**. An der Kapelle geht es nach links weiter, bis uns die Markierung rechtshaltend auf einem Feldweg empor zur Straße weist. Nun gibt es zwei Möglichkeiten: entweder auf dem gemütlichen, mit *gelbem Querstrich* und *rotem Kreuz* gekennzeichneten Waldpfad, der parallel zur Straße verläuft, bis zum Wanderparkplatz an der Maximiliansgrotte oder aber, schwerer zu finden und anstrengender, mit dem *grünen Punkt* über die Straße und zunächst am Waldrand weiter. Der *grüne Punkt* zweigt dann im Wald nach links ab und führt als schmaler Pfad an einem Schacht und einer Doline vorbei zum Eingang der **Maximiliansgrotte**.

Von hier geht es ein Stück gemeinsam mit dem *gelben Querstrich* weiter: Ein Wurzelpfad und Steinstufen bringen uns hinauf zum Felsenriff der **Weißingkuppe**. Der Pfad schlängelt sich durch eine geheimnisvolle, moosbewachsene Felsenwelt und führt am Riffkamm entlang weiter. Im Bogen steigen wir schließlich hinab zu einer Forststraße. Der *grüne Punkt* zweigt nun nach links ab. Wenig später wird ein Forstweg überquert. Nun geht es steil empor zur »**Steinernen Stadt**«. Im Linksbogen wird diese versteinerte Welt aus Felstürmen und -wänden umwandert, bis man wieder auf eine Forststraße trifft. Hier kurz nach rechts, bis die Markierung nach einem Kruxifix nach links in den Wald weist. Kurz darauf abermals nach links und steil empor zur **Vogelherdgrotte**. Der Pfad führt mitten durch diese eindrucksvolle, etwa 20 Meter lange Durchgangshöhle. Kurz darauf verläßt die Markierung den Wald und führt linkshaltend über eine Wiese auf die wenig befahrene Straße nach **Krottensee**. Im Ort halten wir uns zunächst rechts, bevor uns der *grüne Punkt* etwa in Höhe der Bushaltestelle nach links zum Ort hinaus weist. Über Feldwege kehren wir mit schönem Blick auf die Burg Veldenstein ins nahe **Neuhaus** zurück, das in der Siedlung »Am Steinberg« erreicht wird.

Hier wählt man am besten immer die tiefste Straße, bis man auf den Fußweg trifft, der hinab ins Ortszentrum führt. Vor der Eisenbahnunterführung zweigt nach links ein Fußweg zum Bahnhof ab.

*Die Schlieraukapelle.*

# 38 Felsenlabyrinth Sackdilling

Auf Waldpfaden durch verwunschenes Felsgelände

**Maximiliansgrotte – Weißingkuppe – Brentenfels – Felsenlabyrinth – Sackdilling – Nestelgrund – Vogelherdgrotte – Maximiliansgrotte**

**Ausgangsort:** Neuhaus an der Pegnitz, an der Bahnlinie Nürnberg – Bayreuth.
**Ausgangspunkt:** Wanderparkplatz an der Maximiliansgrotte, zu erreichen auf einer beschilderten Fahrstraße von Neuhaus aus.
**Weglänge:** Etwa 17 km.
**Gehzeit:** Etwa 6 Std.
**Markierungen:** Maximiliansgrotte – Sackdilling: gelber Querstrich; Sackdilling – Maximiliansgrotte: grüner Querstrich u. rotes Kreuz.
**Anforderungen:** Ausschließlich Waldwege und -pfade. Auf dem Hinweg überwiegen schmale, fels- und wurzeldurchsetzte Pfade, die bei Nässe schmierig sein können. Auf dem Rückweg überwiegend Forstwege.
**Einkehrmöglichkeiten:** Ghs. an der Maximiliansgrotte, Ghs. Forsthaus Sackdilling.
**Sehenswürdigkeiten:** Maximiliansgrotte, siehe Tour 37.
**Hinweis:** Die Tour kann mit Tour 37 kombiniert werden, wird dann allerdings ein tagesfüllendes, anstrengendes Unternehmen.

An der Maximiliansgrotte, einer der größten und schönsten Tropfsteinhöhlen der Region, beginnt der sogenannte Exkursionspfad. Als wildromantischer, schmaler Waldpfad schlängelt er sich entlang der zerklüfteten Felskämme der Weißingkuppe, des Hollederbergs und des Brentenfels bis zum Forsthaus Sackdilling. Die Felsen stehen wie verwunschene Städte im Wald, mit Wänden, Türmchen, Rissen und Klüften, von der Patina des Mooses bedeckt. Auf dem Rückweg kommen wir zum Rabenfels, einer der schönsten Felsgestalten der Fränkischen Schweiz, und passieren die Vogelherdgrotte, eine etwa 20 Meter lange Durchgangshöhle.

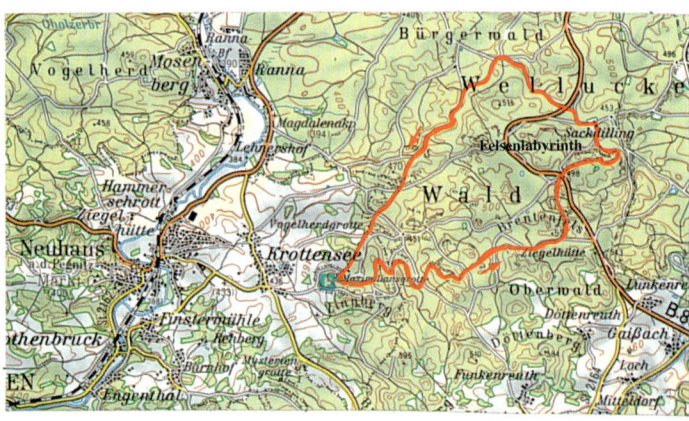

Vom Eingang zur **Maximiliansgrotte** führt der *gelbe Querstrich* auf einem Waldwurzelpfädchen zum Felsenriff der **Weißingkuppe**. Der Pfad schlängelt sich durch moosbewachsenes Felsengeklüft und führt am Kamm des Riffs weiter. Schließlich gelangen wir im Bogen hinab zu einer Forststraße. Wir folgen dem *gelben Querstrich* weiter und kommen bald zu einer weiteren Forststraße. Auf ihr etwa 200 Meter nach rechts, dann zweigt unser Pfad nach links ab. Gut markiert schlängelt er sich nun, einige Forststraßen kreuzend, durch das verwunschen im Wald liegende Felsgelände am **Brentenberg**. Gemeinsam mit dem Weg Nr. 22 folgen wir dem Pfad, bis die B 85 überquert wird. Jenseits kurz nach rechts und mit dem *gelben* und *roten*

*Der Kapuzenturm des Rabenfels.*

*Querstrich* auf einem Waldpfad bergwärts. So gelangen wir zum **Felsenlabyrinth** mit seinem Gewirr von verschiedensten Felsformationen, seinen Grotten, Höhlen und Klüften. Der markierte Pfad führt uns sicher durch diese verzaubere Welt hinaus zum **Forsthaus Sackdilling**.

Nun folgen wir dem *grünen Querstrich* auf der Zufahrtsstraße, bis er nach etwa 300 Metern nach rechts auf einen Forstweg abzweigt. Nach 200 Metern führt ein verwachsener Pfad nach links zur B 85. Jenseits bringt uns ein Forstweg bis zur großen Wegkreuzung am »Hohen Ast« (Hinweisschild). Hier folgen wir dem Forstweg Richtung »Hohe Tanne« noch etwa 50 Meter weiter, um ihn mit dem *grün-weißen Rechteck* auf einen romantischen Waldpfad nach links zu verlassen. Dieser mündet auf einen Forstweg im **Nestelgrund**. Nun führt uns das *rote Kreuz* weiter. Dort, wo sich der mächtige Kapuzenturm des **Rabenfels** zeigt, weist das *rote Kreuz* nach links und führt auf einem steilen Waldpfad über den **Schlawackenberg**. Immer geradeaus und eine Forststraße kreuzen. Aufgepaßt: Der immer geradeaus führende Pfad ist kurzzeitig nur schwer zu erkennen. Er quert etwa 100 Meter eine mit Sträuchern und hohem Gras verwachsene Wiese, bevor er wieder deutlich und gut markiert im Wald weiterführt. Zwei Forststraßen werden gequert, ab der zweiten Forststraße wandern wir gemeinsam mit dem *grünen Punkt* weiter. Steil geht es empor zur **Vogelherdgrotte**. Grüner Punkt und rotes Kreuz verzweigen sich nun. Das *rote Kreuz* bringt uns, eine Forststraße überquerend, zurück zur **Maximiliansgrotte**.

# 39 Durchs Ankatal ins Pegnitztal

Romantischer Spaziergang durch eine Bilderbuchlandschaft

**Velden – Ankatal – Rupprechtstegen – Lungsdorf – Velden**

**Ausgangsort:** Velden, hübsches Fachwerkstädtchen, Station der Bahnlinie Nürnberg – Neuhaus.

**Weglänge:** 7 km.
**Gehzeit:** 2½ Std.
**Markierungen:** Velden – Rupprechtstegen: blaues Kreuz; Rupprechtstegen – Velden: grüner Querstrich.
**Anforderungen:** Bequeme Wald- und Wiesenpfade.
**Einkehrmöglichkeiten:** Ghs. in Velden und Rupprechtstegen.
**Sehenswürdigkeiten:** Die Pfarrkirche u. die Mühlen in Velden. Die Andreaskirche, eine mächtige, bereits während der Bronzezeit bewohnte Felsgrotte im Ankatal.

Eine Landschaft wie aus dem Bilderbuch: das enge, von hohen Felsen gerahmte Tal, die munter dahinmäandrierende Pegnitz, ein Fachwerkdörfchen an ihren Ufern, mit Gänsen am Fluß, Streuobstwiesen und eine Mühle, die heute noch klappert. Doch die Idylle ist bedroht: Wird die Straße in diesem Bereich wie geplant ausgebaut, müssen Wiesen, Flußschleifen und Felsköpfe weichen. Eine der schönsten Flußlandschaften Bayerns wäre dann unwiederbringlich zerstört.

Wir verlassen das Ortszentrum von **Velden** durch das Mühltor und wandern mit dem *blauen Kreuz* »am Wachtberg« (Ww.) hinauf. Kurz vor Ortsende weist das *blaue Kreuz* an einer alten Fachwerkscheune nach links. Ein Pfädchen zieht bergaufwärts am Hang entlang und gewährt schöne Durchblicke auf das Veldener Mühlviertel. Am Sportplatz vorbei, wandern wir auf einem Feldweg weiter. Infotafeln erläutern die Vegetation am Weg. Auf einer kleinen Anhöhe weist uns ein Ww. nach links Richtung Ankatal. Kurz darauf zweigt das *blaue Kreuz* schräg nach links vom Feldweg ab und führt auf schönem Waldpfad hinab ins **Kipfental**. Wir treffen auf einen Feldweg, dem wir kurz nach links folgen. Auf einem schmalen Waldpfad erreichen wir schließlich das **Ankatal**. Wo der Talgrund erreicht wird, öffnet sich gerade gegenüber das riesige »Felsmaul« der **Andreaskirche**. Ein Pfädchen führt zu dieser Grotte. Wir wandern durch das wildromantische, felsgesäumte Ankatal hinab ins Pegnitztal, das wir bei **Rupprechtstegen** erreichen.

Nun führt der *grüne Querstrich* weiter nach Lungsdorf: Wir überqueren die Pegnitz auf einer Holzbrücke und wandern flußaufwärts. Gegenüber einer alten Streuobstwiese erhebt sich der Rote Fels, eine der höchsten Wände der Fränkischen Schweiz und ein beliebter Kletterfels. In **Lungsdorf** wird die

Pegnitz und die Straße überquert, dann verlassen wir mit dem *grünen Querstrich* links bergaufwärts den Ort und das Tal. Bald treffen wir auf den Pfad, auf dem wir **Velden** verlassen haben. Kurz bevor wir den Ort wieder erreichen – die ersten Häuser sind bereits zu sehen, und wir hören das Mühlrad schon klappern –, zweigt ein unmarkierter Pfad im spitzen Winkel nach rechts ab. Er zieht sehr romantisch am Hang entlang und an Felsen vorbei zum schön gelegenen Kriegerdenkmal. Treppen führen von dort hinab zur Pegnitz. Ein romantisches Pfädchen begleitet das von Felsen begrenzte Flußufer bis hin zur Mühle.

*Lungsdorf – malerisch an einer Flußschleife der Pegnitz gelegen.*

# 40 Die Petershöhle bei Hartenstein

Ausflug in die Frühgeschichte

**Hartenstein – Petershöhle – Hartenstein – Grünreuth – Igelsee – Kleinmeinfeld – Hartenstein**

**Ausgangsort:** Hartenstein, zu erreichen aus dem Pegnitztal über Ruprechtstegen oder Velden.
**Ausgangspunkt:** Am Ortseingang (von Güntersthal kommend) befindet sich ein Wanderparkplatz.
**Weglänge:** Etwa 12 km.
**Gehzeit:** Etwa 4 Std.
**Markierungen:** Hartenstein – Petershöhle: blauer Punkt; Petershöhle – Hartenstein: blauer Querstrich; Hartenstein – Kleinmeinfeld: grünes Kreuz; Kleinmeinfeld – Hartenstein: unmarkiert, roter Punkt.
**Anforderungen:** Rund um Hartenstein bequeme Waldpfade, ansonsten Feldwege.
**Einkehrmöglichkeiten:** Ghs. in Hartenstein und in Grünreuth.
**Sehenswürdigkeiten:** Burgruine Hartenstein. Petershöhle, eine altsteinzeitliche Kultstätte.
**Kurzvarianten:** 1. Auf dem beschriebenen Weg zur Petershöhle und zurück nach Hartenstein; etwa 4 km.
2. Mit Weg-Nr. 1 Rundgang um die Burg.
3. Mit Weg-Nr. 4 zum aussichtsreichen Hirtenberg über Hartenstein; etwa 1 km.
4. Mit Weg-Nr. 5 zur Hainkirche, eine Durchgangshöhle (siehe Bild S. 8); etwa 4 km.
**Hinweis:** Taschenlampe mitnehmen.

Steht man oben am Kreitberg in der Eingangshalle der Petershöhle, braucht man nicht mehr viel Phantasie, um sich vorstellen zu können, daß hier bereits Menschen in der Altsteinzeit Schutz gesucht haben. Der kleine Felskessel bildet einen natürlichen, geschützten Hof zu den dahinterliegenden überdachten »Räumen«. Was unsere Ahnen dort aber so alles getrieben haben, ist ein wenig rätselhaft, denn außer primitiven Steinwerkzeugen förderten Ausgrabungen vor allem jede Menge Knochen, darunter 70(!) ganze Bärenschädel, ans Tageslicht. Vom burgenbewehrten Hartenstein führt ein abwechslungsreicher Waldpfad zu diesem geheimnisvollen Ort.

Wir verlassen **Hartenstein** mit dem *blauen Punkt* an der Jugendherberge. Kurze Zeit später zweigt die Markierung nach links auf ein Pfädchen ab, das steil hinab auf einen Forstweg führt. Auf diesem kurz nach links, bis sich die Markierung blauer Punkt verzweigt: Der Forstweg führt links weiter nach Velden. Wir wenden uns aber nach rechts und steigen auf einem Waldpfad geradewegs steil den Berg hinauf. Der Pfad führt linkshaltend unter Felsen um den Berg herum und steigt schließlich auf befestigten Stufen zur **Peters-**

**höhle** empor. Nun führt uns der *blaue Querstrich* weiter: Ein wurzel- und felsdurchsetzter Pfad zieht weiter um den Berg. Wir folgen nun stets dem Kamm leicht absteigend weiter, bis wir einen mit rotem Andreaskreuz markierten Weg kreuzen. Mit dem *blauen Querstrich* geradeaus weiter, kommen wir schließlich an eine kleine **Marienkapelle**. Der Wasserhochbehälter links von ihr bietet Rastbänke mit schöner Aussicht. Auf dem Kreuzweg gelangen wir hinab nach **Hartenstein**. Hier könnten wir die Runde bereits beenden. Wer auf sonnigen Wegen über die stille Albhochfläche weiterwandern will, folgt nun dem *grünen Kreuz*: Dort, wo der Kreuzweg auf einen asphaltierten Weg trifft, scharf nach links und auf dem (für öffentlichen Verkehr gesperrten) Sträßchen parallel zu einem schönen Wiesengrund weiter. Bei einer Bank wird der Fahrweg nach rechts verlassen. Etwa 50 Meter später führt ein Pfädchen linkshaltend im Wald empor nach **Grünreuth**.

Am Gasthaus halten wir uns nach links und treffen so kurz vor dem Ortsende an einem alten Backhaus auf einen nach rechts weisenden Wegweiser (»Hirschbach über Kleinmeinfeld und Loch«). Der Feldweg bringt uns hinab zum **Igelsee.** Auf der Fahrstraße kurz nach rechts, bis uns ein Feldweg nach links in das bereits sichtbare **Kleinmeinfeld** bringt. Das *grüne Kreuz* führt uns noch durch den Ort, bis wir es beim Löschweiher am Ortsende nach rechts verlassen. Ohne Markierung wandern wir nun auf einem Feldweg unter der Telefonleitung weiter. Nach einem Waldeck kurz weglos gerade über die Wiese hinab zur Straße und jenseits auf dem Feldweg weiter. Bald treffen wir auf den mit *rotem Punkt* markierten Wanderweg Großmeinfeld – Hartenstein, dem wir nach rechts folgen. Bei einem Waldeck zweigt der *rote Punkt* nach links vom breiten Feldweg ab und führt, zum Schluß mit schöner Aussicht auf die Burgruine, zurück nach **Hartenstein**.

*Der Igelsee – einer der wenigen Seen auf der trockenen Albhochfläche.*

# 41 Durchs Treufer Tal nach Hohenstein, 628 m

Mühlenromantik und Burgenherrlichkeit

**Harnbachmühle – Griesmühle – Treuf – Hohenstein – Siglitzberg – Enzendorf – Harnbachmühle**

**Ausgangspunkt:** Zwischen Rupprechtstegen und Enzendorf zweigt kurz vor der Bahnunterführung der Zufahrtsweg zur bereits sichtbaren Harnbachmühle ab. Parkmöglichkeit an der Abzweigung.
**Weglänge:** Etwa 11 km.
**Gehzeit:** Etwa 3½ Std.
**Markierungen:** Harnbachmühle – Hohenstein: rotes Kreu; Hohenstein – Siglitzberg: blaues Kreuz; Siglitzberg – Harnbachmühle: blauer Punkt.
**Anforderungen:** Etwa zu gleichen Teilen bequeme Pfade und kleine asphaltierte Sträßchen (kaum befahren) bzw. Schotterwege.
**Einkehrmöglichkeiten:** Ghs. in Treuf, mehrere Ghs. in Hohenstein.
**Sehenswürdigkeiten:** Die Halbruine Hohenstein, im 11. Jh. gegründet, im 12. u. 13. Jh. im Besitz der Staufer, danach Amtsburg der Wittelsbacher und später Nürnbergs. Hervorragender Aussichtspunkt. Eintritt 1,50 DM.
**Hinweis:** Hohenstein ist ein sehr beliebtes Ziel von Sonntagsausflüglern!

Kaum eine Burganlage weit und breit entspricht so sehr der romantischen Idealvorstellung einer mittelalterlichen Festung wie die Halbruine Hohenstein. Steigt man an einem schönen Sommertag durch das wildromantische Treufer Tal mit seinen alten, idyllisch gelegenen Mühlen zu ihr empor und erblickt ihre Kulisse zum ersten Mal im Dunst am Horizont, könnte man fast glauben, in ein Märchen geraten zu sein. Mauern, Türme und Zinnen wachsen aus dem hohen Fels empor, so daß man von der Ferne nicht weiß, wo fängt die Mauer an, wo hört der Felsen auf. Kein Wunder, daß die 628 Meter hoch gelegene Burg als das Wahrzeichen der Hersbrucker Schweiz gilt, zumal man von ihr die ganze Hersbrucker Alb bis hin zum Oberpfälzer Wald zu seinen Füßen liegen hat.

Unser Wanderweg startet an der idyllisch gelegenen, aber verwahrlost wirkenden **Harnbachmühle**. Über die Brücke und ohne Scheu vor dem Zaun in das Gehöft hinein: Am rechten Hauseck finden wir das *rote Kreuz*, das uns bachaufwärts zur **Griesmühle** führt. Munter plätschert der Mühlbach und spielt hier und da im üppigen Wiesengrund Verstecken. Die in völliger Wald- und Wieseneinsamkeit liegende Griesmühle ist eine der ältesten Mühlen der Region. Malerisches Fachwerk und ein gepflegter, bunter Bauerngarten entlassen uns in eine ursprüngliche Waldschlucht. Der Mühlbach bildet einen kleinen, urweltlich wirkenden Wasserfall. Auf schönen Waldpfaden gelangen

*Farbenfroh – der Bauerngarten an der Griesmühle.*

wir hinauf ins schmucke **Treuf**. Das *rote Kreuz* weist hier nach rechts und am Ortsende nach links auf die Straße Richtung **Hohenstein**. Wir folgen der Straße, bis uns die Markierung nach rechts auf einen breiten Feldweg weist. Auf der Anhöhe sieht man zum ersten Mal die Burg vor sich stehen. Es ist nun nicht mehr weit bis in den Ort. Wir verlassen dort das rote Kreuz und folgen dem Fußweg zur Burg hinauf. Lassen Sie sich Zeit, für den Besuch der alten Gemäuer und genießen Sie die herrliche Rundsicht!
Mit dem *roten Punkt* verlassen wir schließlich das zum Fremdenverkehrsziel herausgeputzte Dorf: Am Ortsende nach links und durch einen schönen Hohlweg hinab bis zu einer Straße, die wir überqueren. Etwa 200 Meter später weist uns ein Ww. Richtung Langenstein nach rechts. Ein schöner, weicher Waldweg bringt uns abermals zu einer Straße. Hier halten wir uns kurz rechts, um gleich wieder nach links auf das kaum befahrene Fahrsträßchen nach **Sigritzberg** einzubiegen. Von diesem einsam gelegenen kleinen Weiler führt der *blaue Punkt* auf einem Feldweg nach links und weiter hinab nach **Enzendorf** im Pegnitztal. Im Ort dem *blauen Punkt* nach links weiter folgend, gelangen wir, zum Schluß auf einem malerischen Wiesenpfad, zum **Ausgangspunkt** zurück.

# 42 Von Eschenbach über den Altenberg

Netter Tal- und Kammspaziergang

**Eschenbach – Alfalter – Lochstein – Düsselbach – Eschenbach**

**Ausgangsort:** Eschenbach, Luftkurort an der Einmündung des Hirschbachtals in das Pegnitztal, mit sehenswerter Kirche und Schloß aus dem 16. Jh., dem Stammsitz derer von Ebner-Eschenbach. Zu erreichen über die B 14, von Hersbruck kommend.
**Ausgangspunkt:** Am Ortseingang (von Hersbruck kommend) befindet sich ein ausgewiesener Parkplatz.
**Weglänge:** Etwa 8 km.
**Gehzeit:** Etwa 2½ Std.
**Markierungen:** Eschenbach – Alfalter: gelber Punkt; Alfalter – Düsselbach (Wanderparkplatz): unbezeichnet; Wanderparkplatz – Eschenbach: zunächst wechselnde Markierungen, dann blaues Kreuz.
**Anforderungen:** Bequemer, ebener Talweg auf dem Hinweg, kurz steil ansteigender Waldpfad auf dem Rückweg.
**Einkehrmöglichkeiten:** Mehrere Ghs. in Eschenbach, Ghs. in Alfalter.

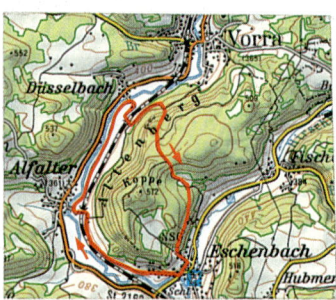

Kurz vor Hersbruck, wo die Pegnitz sozusagen in die Knie geht und ihre Richtung ändert, beginnt der malerische Teil des Pegnitztals. Die Orte werden kleiner, ursprünglicher, und aus den Talseiten erhebt sich weißleuchtend hoher Fels. Die Westseite des bei Eschenbach liegenden Altenbergs ist felsgespickt – am markantesten stechen hier die kompakten Felszähne des Rifflers hervor. Auf dieser kleinen Runde um den Altenberg können wir zunächst die Tallandschaft aus der Froschperspektive kennenlernen, ehe es hinaufgeht auf den Kamm, der uns von seinen Felsköpfen das Land aus der Vogelperspektive überblicken läßt.

Der *gelbe Punkt* führt uns von **Eschenbach** nach Alfalter: Wir verlassen den Ort nach links und wandern auf einem Feldweg talaufwärts. Auf einer Brücke wird die Bahnlinie überquert. Vor der Brücke über die Pegnitz, die uns nach Alfalter bringen würde, halten wir uns rechts und wandern nun ohne Markierung bequem an der Pegnitz entlang weiter Richtung **Düsselbach**. Auch hier lassen wir den Ort links liegen und wenden uns statt dessen auf einem Weg nach rechts zum Wanderparkplatz.

Kurz darauf überquert dieser Weg auf einer Brücke die Bahnlinie (Markierung »1« und »3«). Auf der anderen Bahnseite wählen wir den oberen der beiden nach rechts führenden Wege und kommen so bis zum Waldrand (Bank). Hier wenden wir uns nach links, gehen an einem Holzhäuschen vorbei und steigen stetig bergan, bis wir auf einen querverlaufenden, mit *grünem Querstrich*

*Der alte Luftkurort Eschenbach ist Ausgangs- und Endpunkt dieser Wanderung.*

markierten Weg treffen. Auf diesem kurz nach links, bis wir die Markierung *blaues Kreuz* erreicht haben. Sie führt uns nun rechtshaltend bergan und oberhalb der Felsen auf einem bequemen, ebenen Waldpfad zurück. Dabei kommen wir am **Lochstein** und kurz darauf am Gipfel der **Düsselbacher Wand** vorbei. Auf den aussichtsreichen Gipfelfelsen hoch über dem Tal läßt es sich herrlich rasten und schauen.

Kurze Zeit später zieht das *blaue Kreuz* nach links und steigt durch Wald empor zu einer Lichtung. Am Ende der Lichtung biegen wir mit der Markierung nach rechts ab. Bald führt der Pfad durch das Naturschutzgebiet Wengleinpark. Auf diesem Weg lassen sich sehr gut die Gesteinsschichten erkennen, aus denen das Fränkische Schichtstufenland aufgebaut ist. Saßen wir oben, auf der Düsselbacher Wand, noch auf dem festen, kompakten Kalkgestein des sogenannten Weißen Jura, kommen hier in den Hangbereichen bereits die weicheren, tieferliegenden Sandsteinschichten zutage.

An der überwucherten Ruine des Wengleinschlosses vorbei, kommen wir nach **Eschenbach** zurück.

# 43 Ruine Rothenberg und Glatzenstein, 572 m

Auf steilen Wegen zu lohnenden Aussichtspunkten

**Reichenschwand – Kersbach – Ruine Rothenberg – Siegersdorf – Glatzenstein – Großer Hansgörgel – Reichenschwand**

**Ausgangsort:** Reichenschwand, im Pegnitztal an der B 14 gelegen, Bahnstation der Linie Nürnberg – Neuhaus.
**Ausgangspunkt:** Wandertafel am Bahnhof.
**Weglänge:** 16 km.
**Gehzeit:** Etwa 5 Std.
**Markierungen:** Reichenschwand – Kersbach: grüner Querstrich; Kersbach – Ruine Rothenberg: blauer Querstrich; Ruine Rothenberg – Gr. Hansgörgel: roter Querstrich; Gr. Hansgörgel – Reichenschwand: gelbes Kreuz.
**Anforderungen:** Anstrengende Wanderung mit mehrmaligem Auf und Ab auf abwechslungsreichen Wald- und Feldwegen. Nur zum Schluß eine etwas eintönige Schotterstraße.
**Einkehrmöglichkeiten:** Ghs. in Reichenschwand, Kersbach (mit herrlicher, uralter Linde) und Siegersdorf. Abstecher zum Ghs. in Weißenbach (mit schöner Aussichtsterrasse) möglich.
**Sehenswürdigkeiten:** Ruine Rothenberg, im 18. Jh. zur Festung ausgebaute Burganlage, 1838 aufgelassen. Besichtigung möglich.
**Kurzvariante:** Von Kersbach wie beschrieben bis zum Glatzenstein, von dort mit dem grünen Punkt weiter nach Weißenbach und zurück nach Kersbach; etwa 8 km.

Ein wenig kurios ist er schon, dieser wuchtige Festungsklotz auf dem Rothenberg über Schnaittach. »*Ein baierischer Pfahl im Nürnberger Fleisch*« wollte er sein, von den bayerischen Kurfürsten an der Stelle einer alten Burg im großen Stile zur Festung ausgebaut und nie ganz fertiggestellt. Wechselhaft ihre Geschichte, und vor allem die der Bevölkerung zu ihren Füßen. Doch lassen Sie sich das alles vom »Festungsführer« erzählen, der mindestens genauso kurios ist wie die Anlage selbst. Schon allein der Aussicht wegen lohnt es, dort hinaufzusteigen – was gleichermaßen für den gegenüberliegenden Glatzenstein gilt.

Vom Bahnhof **Reichenschwand** führt der *grüne Querstrich* auf der Leuzenberger Straße zum Dorf hinaus. Die Markierung zieht nach links auf einen Feldweg. Kurze Zeit später queren wir eine Wiese am Feldrain und nachfolgend eine Forststraße, um jenseits auf einem schönen Pfad durch den Wald

*Am Gipfel des Glatzensteins.*

zu wandern. Wir treffen auf eine gut markierte Forststraße, die uns nach **Kersbach** bringt. Auf schmalem Steg über den Bach und durch das schmucke Dorf. Ein Schild zeigt den Fußweg zur **Ruine Rothenberg** an. Er führt zunächst auf einem Asphaltsträßchen, dann auf einem Waldweg steil bergan. Wir kommen am ehemaligen Friedhof der Festung vorbei. Nun nicht mit dem blauen Querstrich weiter, sondern auf einem Pfad geradewegs steil hinauf zur Festungsmauer und an ihrem Fuß entlang zum Eingang (555 m).

Der *rote Querstrich* führt von dort weiter: durch den Wald steil hinab zur Straße und auf dieser in das bereits sichtbare **Siegersdorf**. Am Ortsende verzweigen sich der rote Punkt (nach links) und der rote Querstrich. Wir folgen dem *roten Querstrich* geradewegs weiter und steigen so steil im Buchenwald zum aussichtsreichen Rastplatz am Gipfel des **Glatzensteins** (572 m) empor.

Der *rote Querstrich* zweigt bereits kurz vor dem Gipfel (Abstecher) nach links in den Wald ab. Ein abwechslungsreicher, weicher Pfad führt am Waldrand auf der Hochfläche entlang und hinab zur Straße nach Weißenbach. Jenseits der Straße zieht der schöne Waldpfad durch hohen Buchenwald. Ein letzter Anstieg bringt uns hinauf zum **Großen Hansgörgel** (601 m), einem (aussichtslosen) Felsriegel im Wald. Unterhalb des Gipfels verlassen wir den nach links abzweigenden roten Querstrich und wandern nun mit dem *gelben Kreuz* weiter. Ein etwas eintöniger Forstweg bringt uns steil nach **Reichenschwand** hinab.

# 44 Steinberg, 606 m, Zantberg, 650 m, und Ossinger, 650 m

Im Auf und Ab zu den höchsten Gipfeln der Königsteiner Kuppenalb

**Königstein – Kühloch – Steinberg – Breitenstein – Wildenhof – Riglashof – Zantberg – Eschenfelden – Ossinger – Königstein**

**Ausgangsort:** Königstein, zu erreichen von Neuhaus, durchs Hirschbachtal oder von der B 85.
**Ausgangspunkt:** Marktplatz Königstein.
**Weglänge:** Etwa 17 km.
**Gehzeit:** Etwa 6 Std.
**Markierungen:** Königstein – Breitenstein: roter Kreis; Breitenstein – kurz vor Wildenhof: blaues Kreuz; Wildenhof – Zantberg: gelber Punkt; Zantberg: – Königstein: roter Querstrich.
**Anforderungen:** Ausdauer erfordernde Wanderung mit stetem Auf und Ab. Etwa zu gleichen Teilen schattige Waldpfade und sonnige Feldwege.
**Einkehrmöglichkeiten:** Mehrere Ghs. in Königstein, Ghs. in Riglashof, Hütte auf dem Zantberg (mit schönem Gipfelbiergarten; bew. von März–Oktober an Wochenenden und Feiertagen), mehrere Ghs. in Eschenfelden, Hütte auf dem Ossinger (bew. nur an Wochenenden und Feiertagen).
**Sehenswürdigkeiten:** Die Höhle des Kühloch und die Felsumgebung dort, in der Zeugnisse keltischer Ringwallanlagen gefunden wurden. Die doppelgeschossige, romanische Kapelle Breitenstein.
**Kurzvariante:** Den Zantberg auslassen: Wie beschrieben bis Breitenstein und von dort immer dem blauen Kreuz folgend zum Ossinger; etwa 10 km.
**Hinweis:** Evtl. Taschenlampe mitnehmen.

Rund um den netten Marktflecken Königstein findet sich ein Kranz hoher Bergkuppen, die allesamt klassische Wanderziele sind: der Kühlochberg mit seiner geheimnisvollen Höhle, die als eine der ältesten Wohnstätten der Oberpfalz gilt, der Steinberg mit seinen bizarren Felsformationen, der Breitenstein mit der schönen romanischen Kapelle, der Zantberg, nicht zuletzt wegen der urigen Gipfelhütte und dem einladenden Biergarten in einer buchenumstandenen Lichtung, und schließlich der Ossinger mit seinem Aussichtsturm, von dem man weit über die Lande blicken kann, über die Kuppen der Frankenalb, ins Fichtelgebirge, den Steinwald und in den Oberpfälzer Wald. All diese Ziele sind in diesem Tourenvorschlag zu einer sehr schönen, aber nicht wenig anstrengenden Runde vereint.

Vom Marktplatz in **Königstein** folgen wir dem *roten Kreis* über den Unteren Markt zum Ortsende. Bei den letzten Häusern weist die Markierung nach rechts. Wir steigen bergan bis zu einer Weggabelung. Hier, gemeinsam mit der *»20«*, geradeaus und gegenüber in den Wald. Ein Waldpfad führt unterhalb einer Felsgruppe vorbei. Kurz darauf weist die Markierung nach links. Der markierte Pfad führt schließlich ein Stück am Waldrand entlang und zum Schluß steil im Wald empor zu den überhängenden Felsriegeln und der großen Höhle am **Kühloch**. Der

*Geheimnisvoll – das Kühloch.*

Wanderweg zieht direkt am Kühloch nach rechts empor, überschreitet den Kühlochberg und steigt jenseits kurz hinab, bevor ein schöner Pfad erneut bergwärts zum **Steinberg** führt. Mit einem Abstecher (Ww.) von etwa 50 Metern wird ein kleiner Aussichtsturm erreicht. Der *rote Kreis* führt uns durch die eigentümliche, moosüberzogene Felsenwelt des Steinbergs und weiter nach **Breitenstein**, das wir zuletzt auf einem Asphaltsträßchen erreichen.

Nun führt uns das *blaue Kreuz* weiter: Durch den Wald hinab zur Straße. Wir überqueren sie linkshaltend und wandern auf einem Feldweg weiter. Bei einer Weggabelung bleiben wir auf dem oberen Weg. Wo das blaue Kreuz nach rechts abbiegt, müssen wir es verlassen und statt dessen mit der *»9«* geradeaus bis kurz vor **Wildenhof** wandern. Bei einem Ww. an einem Telegrafenmast treffen wir auf den *gelben Punkt*, der uns nun weiter bis zum Zantberg führen wird: Er führt durch Wildenhof, weist am Ortsende nach rechts und etwa 1 Kilometer später bei einer Weggabelung nach links. Durch Wald und über freie Flächen kommen wir auf gut markierten Wegen nach **Riglashof**. Wir verlassen den Ort nach links und steigen nun immer geradeaus steil zum **Zantberg** empor. Gemeinsam mit dem *gelben* und *roten Querstrich* wandern wir vom Gipfel nach **Eschenfelden** hinab. Der Ort wird auf der Straße Richtung Königstein verlassen. Nach dem Kindergarten mit dem *roten Querstrich* nach links. Ein kurzes Stück auf der Straße Richtung Ratzenhof, dann zweigt die Markierung nach rechts ab und führt durch lichten Kiefern- und Buchenwald weiter Richtung Ossinger. An einer querverlaufenden Forststraße wenden wir uns nach links und steigen zum Schluß steil zum **Ossinger-Gipfel** mit seinem Aussichtsturm empor. Von nun an geht es nur noch – allerdings steil – bergab. Der *rote Querstrich* bringt uns sicher hinab ins Tal und zurück nach **Königstein**.

# 45 Noris- und Höhenglücksteig

Klettersteigvariationen für Schwindelfreie

**Fischbrunn – Hirschbach: Noris- und Höhenglücksteig**

**Ausgangsort:** Fischbrunn, kleiner Ort im Hirschbachtal, zwischen Eschenbach und Hirschbach.
**Ausgangspunkt:** Ortsausgang (Richtung Hirschbach).
**Weglänge:** Etwa 12 km.
**Gehzeit:** Je nachdem, ob man die Klettersteig-Einlagen »mitnimmt« oder nicht 4–6 Std.
**Markierungen:** Roter Punkt bis zum dritten Teil des Höhenglücksteigs; danach grüner Querstrich u. nachfolgend blaues Kreuz.
**Anforderungen:** Die teilweise sehr steilen und ausgesetzten Klettersteigpassagen sollten nur von kletter- bzw. klettersteigerfahrenen Leuten begangen werden oder unter zuverlässiger und kompetenter Führung. Entsprechende Klettersteigausrüstung zur Selbstsicherung ist unerläßlich, insbesondere für den Höhenglücksteig, der die Schwierigkeiten und Ausgesetztheit des Noristiegs bei weitem übertrifft. Bei Nässe (Rutschgefahr) und bei drohendem Gewitter (Blitzschlag) sind die Klettersteigpassagen unbedingt zu meiden. Bei Umgehung der Klettersteigstellen abwechslungsreiche, weiche Waldpfade.
**Einkehrmöglichkeiten:** Ghs. in Fischbrunn, mehrere Ghs. in Hirschbach.
**Kurzvariante:** Wie beschrieben über den Noristeig bis Hirschbach und von dort im Tal (gelber Querstrich) zurück nach Fischbrunn; etwa 8 km.

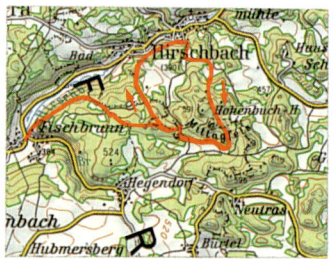

Klettersteige im Mittelgebirge? Ja, das gibt's tatsächlich – und was für welche sogar! Steil und exponiert, im allerfeinsten, festen Franken-Dolomit. Eine Übung für's »große Gebirge«, eine luftige Turnerei für Wochenendbergsteiger, ein bißchen neugieriges »Reinschmecken« ins Abenteuer Fels, all das und noch viel mehr können sie sein, die beiden »Vie ferrate« im Hirschbachtal. Und wenn man dann doch eigentlich keine Lust hat auf Felsberührung und ein klitzekleines bißchen Angst im Bauch, dann läßt man die Klettersteigpassagen einfach aus und wandert auf schönen, weichen Waldpfaden weiter. Denn alle wirklich schwierigen Abschnitte lassen sich auf deutlich sichtbaren Pfaden umgehen. So bleibt das Ganze ein Spiel ohne Zwang. – Allerdings muß man sich auch hier an die Spielregeln halten, und die heißen in den Klettersteigpassagen Trittsicherheit, Schwindelfreiheit und entsprechende Selbstsicherung!

Von **Fischbrunn** überqueren wir mit dem *roten Punkt* die Straße und wandern jenseits nach links in den Wald hinein. Ein breiter Forstweg bringt uns zur ersten Klettersteigpassage, die mit einem engen Durchschlupf beginnt. Vom Gipfel des kleinen Felskopfes steigt der *rote Punkt* weiter im Wald bergan, an einem weiteren Durchschlupf vorbei. Bald kommt ein herrlich griffiger Felsgrat, der überklettert oder umwandert werden kann. Ein weiterer Felsgrat, dann senkt sich der *rote Punkt* auf nun breiter werdendem Waldweg ein wenig nach links, bevor er zum »**Noris-Törl**« quert. Die nächste Klettersteigpassage ist das »**Noris-Brettl**«, eine lange, stellenweise sehr ausgesetzte, mit Drahtseil und Eisenstiften gesicherte Querung. Zum Schluß ein kurzer Kamin, und wir wandern auf dem sicheren, rot markierten Pfad hinab zum **Francke-Kamin**. Eisenklammern sichern den Abstieg durch diesen hohen und sehr steilen Kamin, durch den man an den Fuß der Castellwand gelangt. Diese im Abstieg besonders kühne Passage kann linkshaltend umgangen werden. Wir wandern auf dem Pfad hinab und gelangen rechtshaltend zur

*Schwungvoll – das »Noris-Törl«.*

**Mittelbergwand**. Durch sie verläuft eine weitere Klettersteigpassage bis hinauf zum aussichtsreichen Gipfel. Mit dem *roten Punkt* steigen wir vom Gipfel ab, wandern an mächtigen, überhängenden Felswänden entlang und gelangen schließlich auf einem steilen Pfad hinab nach **Hirschbach**. Eine Wegtafel vermittelt Überblick im Gewirr der Wege und Steige. Unsere Markierung ist weiterhin der *rote Punkt*, der uns nun zu Abschnitten des **Höhenglücksteigs** führt. Steil geht es hinauf zur Bergwachthütte am Prellstein. An ihr vorbei und immer weiter bergauf, bis sich der *rote Punkt* verzweigt: links geht's zum Hohenglücksteig. Gleich sind wir an der ersten anspruchsvollen und ausgesetzten Klettersteigpassage angelangt. An ihrem Ende kann man zur Prellsteinhütte absteigen. Der zweite Teil des Steigs steigert nochmals die Schwierigkeiten und die Ausgesetztheit des ersten. Der letzte Teil wird ausgelassen, denn zwischen dem zweiten und dem dritten Teil steigt der *grüne Querstrich*, die Markierung für unseren Weiterweg, steil im Wald empor.
Der gut markierte Pfad führt in stetem Auf und Ab Richtung Süden. Wo wir auf das *blaue Kreuz* treffen, folgen wir ihm am Rand einer Lichtung entlang. Bei einem querverlaufenden Weg (Ww.) wenden wir uns nach rechts in den Wald, bis das *blaue Kreuz* wieder nach links abzweigt. Der schöne, weiche Waldpfad zieht nun am Hang entlang. So kommen wir wieder zur ersten Passage des Norissteigs zurück. Auf dem bekannten Weg gelangen wir zum **Ausgangspunkt** zurück.

# 46 Zur Schlangenfichte im Reichental

Erholsamer Spaziergang durch ein stilles Trockental

**Hirschbach – Reichental – Schlangenfichte – Windloch – Großmeinfeld – Reichental – Hirschbach**

**Ausgangsort:** Hirschbach, der Hauptort im gleichnamigen Tal.
**Ausgangspunkt:** Wanderparkplatz am Ortsende von Hirschbach, ab der Ortsmitte ausgeschildert.
**Weglänge:** Etwa 8 km.
**Gehzeit:** Etwa 2½ Std.
**Markierungen:** Hirschbach bis nach dem Windloch: grüner Querstrich; roter Punkt bis Großmeinfeld; Rückweg zunächst unmarkiert, dann grüner Querstrich.
**Anforderungen:** Sehr bequeme und abwechslungsreiche Wald- und Wiesenwege, im Bereich des Windlochs teilweise steiler Waldwurzelpfad.
**Einkehrmöglichkeiten:** Mehrere Ghs. in Hirschbach, Ghs. in Großmeinfeld.
**Sehenswürdigkeiten:** Die Schlangenfichte, eine botanische Besonderheit. Das Windloch, ein großer Höhlentrichter, zu einer bereits in der Hallstattzeit benutzten Höhle (nicht zu begehen).
**Kurzvariante:** Läßt man den Anstieg über das Windloch aus und wandert statt dessen von der Schlangenfichte auf markiertem Weg (»1«) weiter nach Großmeinfeld, ist die Wanderung zwar kaum kürzer, aber äußerst bequem, da kaum Anstieg zu bewältigen ist.
**Hinweis:** Das Reichental ist äußerst beliebt. Wer nicht gerne unter Seinesgleichen ist, meide Sonn- und Feiertage.

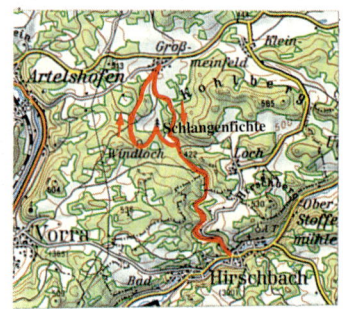

Das Reichental zählt zu jenen schönen Seitentälern, die abseits des Verkehrs und bunten Treibens in den Haupttälern in eine erholsame Wald- und Wiesenstille führen. Die Wege dort sind bequem, oft eben und fast immer waldweich. Sonntagsausflügler können sich hier also wunderbar die Zeit zwischen Mittagessen und Kaffeetisch mit Spazierengehen vertreiben. Doch bei der etwas anstrengenderen Variante über das Windloch scheiden sich bereits die Geister. Wochentags oder im warmen Licht des Spätnachmittags wandert man hier fast immer alleine.

Der sehr bequeme, ebene Weg ins stille **Reichental** ist vom **Wanderparkplatz** aus nicht zu verfehlen: Der *grüne Querstrich* folgt immer dem Talgrund. Schließlich zieht ein weicher Waldpfad nach links zur **Schlangenfichte**, einer botanischen Besonderheit, die mit ihren schlangenartig hängenden Ästen und Zweigen ein wenig traurig-schön am Rand einer sonnigen Lichtung steht. Der *grüne Querstrich* zieht nach links weiter. Der Waldwurzelpfad kommt direkt am **Windloch** vorbei. Ein eindrucksvoll steiler und tiefer Trichter markiert den Eingang zur Höhle, die mit einem steilen Schacht ins Erdinnere

*Selten und ein wenig traurig-schön – die Schlangenfichte (in Bildmitte).*

abbricht. Der Pfad steigt nun steil im Wald bergan. Wir kommen an zwei Wegverzweigungen vorbei: Bei der ersten zweigt der grüne Punkt nach links Richtung Vorra ab, bei der zweiten ist es der grüne Querstrich. Hier vertrauen wir uns dem *roten Punkt* an und wandern geradeaus weiter. Der Weg wird von typischer Albvegetation gesäumt: kurzer, trockener Magerrasen mit intensiv rosa leuchtenden Pfingstnelken und gelbem Mauerpfeffer. Im Frühjahr wird man hier sicher auch die blauen Küchenschellen finden. Über eine Lichtung und durch Wald erreichen wir schließlich **Großmeinfeld**.

Der **Rückweg** beginnt gleich am Ortsbeginn: Hier biegen wir im spitzen Winkel nach rechts ab und wandern auf einem Feldweg wieder zurück Richtung **Reichental**. Bei einer Weggabelung weisen die Markierungen in den rechten, oberen Weg. Wir wählen aber den unteren, unmarkierten Weg. Er führt hinab in den stillen, oberen Abschnitt des Reichentals, den wir auf dem Herweg noch nicht kennengelernt haben. Wo der Weg zur Schlangenfichte abzweigt, treffen wir auf den bekannten Herweg, auf dem wir nun talauswärts zum **Ausgangspunkt** zurückgelangen.

# 47 Neutrasfelsen und Zankelstein

Durch die Fluren über dem Högenbach- und Lehenhammertal

**Pommelsbrunn – Heuchling – Bürtel – Neutras – Deinsdorf – Zankelstein – Pommelsbrunn**

**Ausgangsort:** Pommelsbrunn im Högenbachtal, an der B 14 gelegen, Bahnstation der Linie Nürnberg – Neukirchen b. Sulzbach-Rosenberg.
**Ausgangspunkt:** Naturfreundehaus; die Zufahrtsstraße (eingeschränkte Parkmöglichkeiten) ist ab der B 14 mit rotem Punkt markiert.
**Weglänge:** Etwa 19 km.
**Gehzeit:** Etwa 6½ Std.
**Markierungen:** Pommelsbrunn – Bürtel: roter Punkt; Bürtel – Neutras: nacheinander roter Punkt u. grünes Kreuz; Neutras – Deinsdorf: grüner Punkt; Deinsdorf – Pommelsbrunn: grüner Querstrich.
**Anforderungen:** Ausnahmslos breite, gut markierte Feldwege.
**Einkehrmöglichkeiten:** Mehrere Ghs. in Pommelsbrunn, Ghs. in Heuchling, Neutras und Deinsdorf.
**Sehenswürdigkeiten:** Ruine Lichtenstein, auf Abstecher (gelbes Kreuz) vom Naturfreundehaus aus zu erreichen, schöne Aussicht; etwa ¼ Std.

**Kurzvariante:** Wie beschrieben nach Heuchling, von dort mit dem blauen Querstrich nach Deinsdorf und wie beschrieben über den Zankelstein nach Pommelsbrunn zurück; etwa 11 km.

Es sind stille, meist sonnige Wege von gleichbleibendem Charakter, die durch die abwechslungsreichen Wald- und Wiesenfluren von Pommelsbrunn nach Neutras führen. Gerade darin liegt ihr Reiz. Der Höhepunkt der Wanderung kommt ganz am Schluß und verlangt den müden Beinen eine Extra-Mühe ab: Knapp 200 Meter über dem Ausgangspunkt erhebt sich der Zankelstein, und von seinen hohen, nach Süden abstürzenden Felswänden eröffnet sich ein wunderschöner Blick über die Dächer des Orts und weit hinaus ins Nürnberger Land. Ein herrlicher Platz, um die Abendsonne zu genießen! Stimmungsvoller läßt sich eine Wanderung kaum beenden.

Wir verlassen auf der mit *rotem Punkt* markierten Zufahrtsstraße zum Naturfreundehaus den Ort und wandern geradewegs ins Aichatal hinein. Kurz vor der Ortschaft **Heuchling** knickt der *rote Punkt* zweimal kurz hintereinander scharf nach rechts ab und verläßt so den breiten Feldweg. Ein schmaler Pfad erreicht in einer Rechtsschleife den Ort. (Man kann diese Schleife abkürzen und die Ortschaft umgehen, indem man beim ersten Rechtsknick des roten

Punkts geradewegs auf dem Feldweg bleibt, bis dieser wieder auf die Markierung trifft). Wir verlassen den Ort nach links Richtung Hegendorf. Bei einer Linkskurve des Fahrweges zieht unser schmaler, markierter Pfad auf dem Feldrain geradewegs nach **Bürtel**. Kurz vor dem kleinen Ort sieht man in der Ferne die Märchenkulisse der Burg Hohenstein. Wir umgehen den eigentlichen Ortskern mit dem *roten Punkt* linkshaltend am Ortsrand. Bei einer Wegverzweigung folgen wir dem rechten Weg hinab und wandern am Waldrand entlang bis zu einer querverlaufenden Schotterstraße. Sie führt nach rechts (Wanderparkplatz) – mit Blick auf die **Neutrasfelsen** – an der gleichnamigen Einkehrmöglichkeit vorbei bis nach **Neutras**.

Nun wandern wir mit dem *grünen Punkt* weiter: Er verläßt den Ort nach rechts. Der markierte Feldweg zieht am Waldrand entlang und quert ruhige Wiesengründe, bis eine Straße erreicht wird. Sie zieht nach rechts empor zu einem Parkplatz (DAV-Hütte Sektion Röthenbach). Von dort führt der *grüne Punkt* rechtshaltend weiter nach **Deinsdorf**. Wir durchqueren den Ort und verlassen ihn auf der Straße Richtung Heuchling. Bald zweigt der *grüne Querstrich*, der uns nun führt, nach links auf einen Feldweg ab. Etwa 2 Kilometer nach Deinsdorf, kurz nachdem wir geradewegs eine Wegkreuzung überschritten haben, führt der Weg am Waldrand entlang. Nun gilt es einen unscheinbaren Ww. rechts im Wald zu beachten: Er heißt uns den Feldweg nach links zu verlassen und auf einem Wiesenpfad in den Wald zu queren. Der *grüne Querstrich* führt uns nun nach rechts hinauf zum Kamm des **Zankelsteins**. Von den ausgesetzten Gipfelfelsen geht es steil und gut markiert zum **Ausgangspunkt** zurück.

*Bequeme Feldwege über sonnige Fluren charakterisieren diese Wanderung.*

# 48 Osterhöhle und Lenzenberg

Große Höhlenwanderung mit aussichtsreichem Finale

**Neukirchen b. Sulzbach-Rosenberg – »Bettelküche« – Röckenricht – Lockenricht – Osterhöhle – Lenzenberg – Peilstein – Neukirchen**

**Ausgangsort:** Neukirchen bei Sulzbach-Rosenberg, Bahnstation der Linie Nürnberg – Amberg.
**Ausgangspunkt:** Der Wanderweg beginnt etwa 100 Meter vor dem östlichen Ortsende (Richtung Peilstein).
**Weglänge:** Etwa 15 km.
**Gehzeit:** Etwa 5 Std.
**Markierungen:** Neukirchen – Röckenricht: nacheinander »2«, roter Kreis und gelbes Kreuz; Röckenricht – Osterhöhle: gelbes Kreuz; Osterhöhle – Neukirchen: rote »3« bzw. roter Querstrich.
**Anforderungen:** Überwiegend bequeme Wald- und Feldwege. Die Variante über den Scheckenfels und der Höhlen- und Felsensteig über den Lenzenberg sind schmale, teils steile Waldwurzelpfade, die etwas Trittsicherheit erfordern und bei Nässe unangenehm rutschig werden können.
**Einkehrmöglichkeiten:** Mehrere Ghs. in Neukirchen, Ghs. in Lockenricht, Hütte an der Osterhöhle (nur an Wochenenden und Feiertagen bewirtschaftet).
**Sehenswürdigkeiten:** Osterhöhle, die zweitgrößte Schauhöhle der Oberpfalz, mit mehreren tropfsteingeschmückten Hallen und Sinterwasserbecken, halbstündige Führungen nur sonn- und feiertags oder nach Vereinbarung (Tel. 09663/555).
**Kurzvariante:** Rundwanderweg rote »3«: Von Neukirchen über die Wasserscheide zur Osterhöhle und wie beschrieben über den Lenzenberg und Peilstein zurück, etwa 8 km.
**Hinweis:** Taschenlampe mitnehmen.

Die gleich hinter Neukirchen gelegene »Bettelküche« mit ihrer gemütlichen, kleinen Eingangshalle bildet den Auftakt zu einer Wanderung, die ganz im Zeichen der Grotten und Höhlen steht. Ziel ist die große Osterhöhle mit ihrem vielfältigen Sinterschmuck, eine der größten und schönsten Schauhöhlen des Gebiets. Der Rückweg über den Lenzenberg läßt auf verschlungenen Pfaden mitten im hohen Buchenwald eine geheimnisvolle Welt bemooster Felsen und versteckter Grotten entdecken. Das Finale dieser großen, ruhigen Tour bildet der 531 Meter hohe Hartenfels, der mit steilen, teils überhängenden Wänden nach Süden und Westen abbricht. Von seinem sonnigen Gipfelplateau schweift der Blick im Halbkreis weit über die ruhigen Wogen der Kuppenalb.

Etwa 100 Meter vor dem östlichen Ortsende weist ein Ww. mit der *blauen »2«* nach links zur »Bettelküche«. Der Weg durchquert zunächst einen kleinen Grund, bevor er nach links empor zu einem bewaldeten Rücken steigt, auf dem sich die auch Hirtenweberhöhle genannte »**Bettelküche**« befindet. Der Pfad führt leicht fallend weiter. Wo er den Wald verläßt, weist uns die Markierung scharf nach rechts. Ein schmaler, gut markierter Pfad bringt uns nun, teils am Waldrand, teils im Wald, bis zur Wegkreuzung mit dem roten Kreis. Nun verlassen wir die »2« und folgen dem *roten Kreis* nach links weiter (Aufgepaßt: eine 90-Grad-Linkskurve nicht verpassen!). Der Weg führt an einigen Felsen vorbei. Am Waldrand treffen wir auf ein schmales Sträßchen, dem wir etwa 100 Meter nach rechts folgen. Bei einer Rechtskurve, die zu einem Einödhof führt, verläßt der rote Kreis das Sträßchen und führt mit schönem Blick über die Kuppenalb geradeaus weiter. Etwa 50 Meter später kommen wir an eine Wegkreuzung, an der wir uns nach rechts Richtung Eckenricht (Ww.) wenden. Im Wald treffen wir auf das *gelbe Kreuz*, das nun gemeinsam mit dem *roten Kreis* geradeaus weiter zu einer Häusergruppe führt. Hier trennen sich die Markierungen. Wir folgen dem *gelben Kreuz* bei den Häusern nach rechts und gleich darauf nach links in den Wald Richtung Röckenricht. Immer geradeaus erreichen wir eine Schotterstraße, die rechts, unter der Bahnunterführung hindurch, nach **Röckenricht** führt.

Am Ortsrand schlagen wir einen Viertelkreis um den Ort, biegen nach rechts auf einen Feldweg ab und wandern im Rechtsbogen durch den Wald an einer Felsklippe entlang nach **Lockenricht**. Das *gelbe Kreuz* überquert dort geradewegs die Straße. Kurz nachdem der Weg wieder in den Wald eingetaucht ist, wendet sich die Markierung vor einer Fichtenschonung scharf nach rechts und kurz daraus zweimal nach links. Wir folgen dem so erreichten Forstweg einige hundert Meter, um ihn schließlich nach rechts zu verlassen. Der Weg steigt steil bergauf. Auf der Höhe treffen wir auf den *roten Querstrich*. Gemeinsam geht es nun an den Tafeln eines Naturlehrpfades entlang über den Osterberg, an dessen Fuß sich die **Osterhöhle** befindet. Unter einem breiten, weit überhängenden Felsdach liegt der Höhleneingang.

Die *rote »3«* führt zurück nach Peilstein. Kurz nachdem eine kleine Straße überquert wurde, verzweigt sich die 3er-Markierung: Wir wählen den rechten, gut markierten Weg über den **Lenzenberg**. Zusätzlich zum »bequemen Weg« sind die sehr lohnenden Varianten über den Scheckenfels, eine kleine, malerische Zusatzschleife, und der wildromantische Felsen- und Höhlensteig am Lenzenberg markiert. Wer schmale, abwechslungsreiche Pfade einem gleichmäßig dahinlaufenden Waldweg vorzieht, dem sind diese beiden Varianten unbedingt zu empfehlen. Kurz bevor der schöne Buchenwald verlassen wird, treffen sich die Varianten wieder und durchschreiten gemeinsam die »**Geiskirche**«, eine Grotte mit großem Felsentor. Übers freie Feld wird das bereits sichtbare **Peilstein** erreicht. Der *rote Querstrich* führt auf der Straße nach links. Am Ortsende finden wir den Ww. »Neukirchen über Hartenfels«, der uns nach rechts weist. Im weiten Linksbogen nehmen wir den letzten steilen Anstieg zum aussichtsreichen **Hartenfels** (Rastbank). Der *rote Querstrich* begleitet uns das letzte steile Stück hinab nach **Neukirchen**.

# 49 Rund um die Houbirg

Wandern, wo einst die Kelten siedelten

**Happurg – Hohler Fels – Arzlohe – Reckenberg – Houbirg – Happurg**

**Ausgangsort:** Happurg, nettes, typisch fränkisches Dorf , an der B 14 gelegen.
**Ausgangspunkt:** Marktplatz in Happurg; Parkmöglichkeiten vor dem Marktplatz am Ufer des Bachs.
**Weglänge:** Etwa 11 km.
**Gehzeit:** Etwa 3½ Std.
**Markierungen:** Happurg – Hohler Fels: »1« auf grünem Grund; Hohler Fels – Arzlohe: grünes Kreuz; Arzlohe – Reckenberg: gelbes Kreuz und »2«; Reckenberg – Houbirg: »2«; Houbirg – Happurg: »1«.
**Anforderungen:** Wald- und Wurzelpfade mit teils steilem Auf und Ab; die Wege bleiben nach Regen relativ lange feucht.
**Einkehrmöglichkeiten:** Ghs. in Happurg und Arzlohe.
**Sehenswürdigkeiten:** Der Hohle Fels, eine bereits seit der Altsteinzeit bewohnte Höhle. Die Reste der keltischen Ringwallanlage rund um die Hochfläche der Houbirg.
**Kurzvariante:** Mit der »1« auf grünem Grund rund um die Houbirg; etwa 5 km.

Die Houbirg, der »hohe Berg« über Happurg, ist einer jener Berge, die eine fast perfekte natürliche Festung bilden. Steile Felswände schützen ein breites Gipfelplateau, das daher schon früh besiedelt wurde. Die Houbirg ist seit der Bronzezeit nachweislich bewohnt. Die Kelten schützten ihre große »Gipfel-Stadt« mit einem imponierenden Ringwall, der teilweise bis zu 13 Meter hoch aufgeschüttet wurde. Auf den beeindruckenden Resten dieser Schutz- und Verteidigungsanlage kann man heute den Berg umrunden. Noch beeindruckender aber ist der Hohle Fels, eine 16 Meter lange Höhle am Südabsturz des Gipfels, die bereits in der Mittleren Altsteinzeit begangen wurde. Idealer kann eine Felsbehausung kaum sein: Durch ein doppelbogiges Felsentor betritt man den geräumigen, sonnenbeschienenen Vorplatz, über den sich nach hinten, wie ein steinernes Zelt, schützend das Höhlendach zieht. Wenn das keine Wohnkultur war!

Am Marktplatz in **Happurg** begegnen wir dem *grünen Kreuz*, das uns bergwärts aus dem Ort führt. Sogleich treffen wir auf die *weiße »1« auf grünem Grund*, die uns zunächst durch eine Birkenallee, dann auf einem Waldweg und an einem Brünnlein vorbei steil hinauf bis zum aussichtsreichen Gipfel des **Hohlen Fels** begleiten wird. Unter uns liegt Förrenbach und der Stausee, der sich ganz natürlich in die Landschaft eingliedert. Auf befestigten Stufen gelangt man rechtshaltend zum Wandfuß, in dem sich die Höhle mit ihrem großen Vorplatz befindet. Am Hohlen Fels wendet sich die »1« nun linkshaltend weiter, um die Houbirg zu umrunden. Wir werden auf unserem Rückweg wieder auf sie treffen, wandern nun aber mit dem *grünen Kreuz* durch schönen, hohen Mischwald hinab und hinaus nach **Arzlohe**. Ein lohnender Abstecher von etwa einer Viertelstunde führt zur malerischen Ruine der gotischen **Kapelle »Zum heiligen Baum«**, die idyllisch in einen kleinen Eichenhain eingebettet ist (Ww. am Ortsanfang nach rechts; *gelbes Kreuz*). Das *gelbe Kreuz* und die *»2«* begleiten uns nun durch das nette Dörfchen und weiter Richtung Pommelsbrunn. Nach Arzlohe schlüpfen sie durch zwei Weidegatter und überqueren eine Wiese, um gleich darauf wieder auf einem Pfad in den Wald zu gelangen. Kurz bevor sich die Markierungen trennen, leuchten am gegenüberliegenden Talhang die mächtigen Felsen des Zankelsteins (siehe Tour 47). Das *gelbe Kreuz* führt rechtshaltend hinab nach Pommelsbrunn. Wir jedoch folgen der *»2«* nach links und wandern zwischen Wiesen und Feldern hinüber in den kleinen Weiler **Reckenberg**. Die *»2«* steigt von dort geradewegs empor zur **Houbirg**. Etwa 200 Meter nach einer Infotafel zur Besiedlungsgeschichte des Berges durchbricht der Waldweg den keltischen Ringwall. Hier kreuzt der mit *»1«* markierte Pfad, dem wir nun nach rechts folgen. Der Pfad verläuft direkt auf den teils imponierend hohen Resten jenes Walls. Wir umrunden so das Hochplateau und steigen schließlich mit der *»1«* wieder steil hinab nach **Happurg**.

*Blick vom Hohlen Fels hinab auf den Happurger Stausee.*

# 50 Clara- und Kirchthalmühle

Idyllische Tal- und Mühlbachbummelei

**Claramühle – Heldmannsberg – Schottenloch – Hofstetten – Kirchthalmühle – Claramühle**

**Ausgangsort:** Thalheim, kleines Dorf zwischen Förrenbach und Alfeld.
**Ausgangspunkt:** Etwa 500 m vor der Claramühle (von Thalheim kommend) befindet sich auf der linken Straßenseite ein Parkplatz.
**Weglänge:** Etwa 8 km.
**Gehzeit:** Etwa 2½ Std.
**Markierungen:** Parkplatz – Hofstetten: roter Kreis; Abstecher nach Heldmannsberg: gelbes Kreuz; Hofstetten – Kirchthalmühle: unmarkiert.
**Anforderungen:** Ruhige, gemütliche Wanderung auf bequemen Wegen und Pfaden, teilweise unbezeichnet.
**Einkehrmöglichkeiten:** Ghs. in Heldmannsberg und an der Kirchthalmühle (gute hausgemachte Kuchen).

**Sehenswürdigkeiten:** Die 700 Jahre alte Claramühle, die noch mit einem Wasserrad arbeitet (nicht zu besichtigen). Die barocke Wallfahrtskirche in Heldmannsberg.

Zwei kleine, idyllische Seitentäler münden in der Nähe der 700 Jahre alten Claramühle ins Alfelder Tal. Der Talbach schlängelt sich, von mehreren Quellen gespeist, zwischen dem netten Dörfchen Heldmannsberg mit seiner sehenswerten Wallfahrtskirche und dem bewaldeten Ameisenberg durch einen schmalen, malerischen Wiesengrund. Er gibt den Hinweg dieser gemütlichen Runde vor. Der Rückweg führt durch das kleine, idyllische Kirchthal, in dem die Kirchthalmühle liegt. Mahlen tut sie allerdings – im Gegensatz zu ihrer rund 500 Jahre älteren Kollegin, der Claramühle, schon längst nicht mehr. Dafür locken heute ein paar Tische und Bänke vor dem einstigen Mühlhaus zur gemütlichen Einkehr.

Am Parkplatz mündet ein wunderschöner Wiesengrund. Links von ihm steigt am Waldrand der mit *rotem Kreis* bezeichnete Weg steil bergauf. Ein Stück weit begleitet das Plätschern des kleinen Talbachs den Weg. Auf der Höhe angekommen, biegt der rote Kreis im spitzen Winkel nach rechts ab, um ins Schottenloch abzusteigen. Es bietet sich hier aber an, zunächst einen Abstecher nach **Heldmannsberg** zu machen.

Folgen wir also dem mit *gelben Kreuz* bezeichneten Weg weiter und statten der sehenswerten barocken Wallfahrtskirche, die bereits während des Anstiegs zu sehen war, einen Besuch ab. Von dort kehren wir auf dem gleichen Weg bis zur Abzweigung des *roten Kreises* zurück. An einem markanten Felskopf vorbei, steigt der Weg ins malerische **Schotten-**

*Die Wallfahrtskapelle in Heldmannsberg grüßt schon von weitem ins Tal.*

**loch** ab und überquert dort den Bach. Gegenüber grüßt von einem steilen Magerrasenhang die Wallfahrtskirche ins Tal. Der Weg wendet sich nach rechts in den Wald, und kurz darauf weist der *rote Kreis* nach rechts auf einen bergaufwärts führenden Pfad. Wenn der Wald verlassen wird, heißt es Augen auf: Nicht, wie es nahe liegen würde, dem Feldweg geradeaus weiter folgen, sondern über die Wiese (Markierung an einem Baum) auf den nach rechts führenden Feldweg. Er mündet in die Straße, die uns rechts nach **Hofstetten** bringt.
Der kleine Ort wird Richtung Claramühle (Ww.) verlassen. Beim letzten Haus biegen wir ohne Markierung scharf nach links ab. Ein Weg führt über freie Flächen in den Wald. Sich nur nicht verunsichern lassen, wenn der Weg sich fast einmal zu verlieren droht – bald sind wir wieder auf einem schönen, breiten Waldweg, der uns hinab ins idyllische **Kirchthal** bringt. Im Talgrund begleiten wir den Bachlauf nach rechts zur **Kirchthalmühle**. Im bewaldeten Hang lassen sich hohe Felsen erahnen. Die Zufahrtsstraße bringt uns schließlich hinaus zur **Claramühle**. Zurück zum rechts von ihr gelegenen Parkplatz müssen wir mit etwa 500 Meter Asphalt vorliebnehmen.

# Stichwortverzeichnis

Die Zahlen hinter den Begriffen geben die Seitenzahlen an.

**A**dlerstein  52 f., 68 ff.
Ailsbachtal  19, 56 ff.
Alfalter  120 f.
Alfeld  136
Altenberg  120 f.
Altenhof  64 f.
Altenkunstadt  28 f.
Ameisenberg  136
Andreaskirche (Grotte)  114
Ankatal  114 f.
Arzlohe  134 f.
Aufseß  13, 25, 50
Aufseßtal  48 f., 50 f.

**B**anz, Schloß  26
Bärental  30 f.
Bärnfels  94 f.
Behringersmühle  13, 18, 19, 20, 46, 52, 68 ff.
Betzenstein  12, 13, 14, 22, 100 ff., 104 ff.
Birkenreuth  22, 76 ff.
Brandtal  62 f.
Breitenstein  124 f
Brentenfels  112 f.
Bronn  64 f.
Brünnhildenstein  66 f., 68 ff.
Brunnsteinhöhle  66 f.
Burggaillenreuth  54 f.
Burggrub  74 f.
Burglesau  34 f.
Burgstein  88 f.
Bürtel  130 f.

**C**astellwand  127
Claramühle  136 f.

**D**einsdorf  130 f.
Demmelsdorf  36 f.

Dietzhof  80
Distlergrotte  110 f.
Doos  46 f., 48 f., 52
Dorfhaus  98 f.
Dörnhof  90 ff.
Draisendorf  50 f.
Druidenhain  76 f.
Düsselbach  120 f.

**E**berhardsberg  96 f.
Ebermannstadt  13, 14, 21, 68, 76, 80
Egloffstein  14, 82 ff., 88 ff., 90 ff.
Egloffsteinerhüll  88
Ehrenbürg  *siehe Walberla*
Eibengrat  100 ff.
Eibenthal  100 ff.
Eichenbirkig  46 f.
Elbersberger Kapelle  62 f.
Engelhardsberg  52 f., 68
Enzendorf  118 f.
Erbachtal  43
Eschenbach  120 f., 126
Eschenfelden  124 f.
Esperhöhle  54 f.
Eulenberg  28 f.

**F**ahnenstein  56 ff.
Fischbrunn  126 f.
Forchheim  13, 19, 24, 76, 78, 80
Förrenbach  134 f., 136
Frankenberg  32 f.
Freienfels  40 f.

**G**asseldorf  68 ff.
Geißlochhöhle  108 f.
Gerhardsfelsen  104
Giechburg  36 f.
Glatzenstein  122 f.

Gnomen-Brünnlein 63
Görau 30 f.
Görauer Anger 30 f.
Gößweinstein 23, 54 f.
Gräfenberg 12, 14, 96 f., 98 f
Gräfenhäusling 34 f.
Greifenstein, Burg 72 f.
Griesmühle 118 f.
Großenoher Tal 84, 90 ff., 98 f.
Großmeinfeld 128 f.
Gründleinstal 94 f.
Grünreuth 116 f.
Gügel, Kapelle 36 f.
Güntersthal 116
Guttenberg 96 f.

**H**ackermühle 85
Hagenbach 82 ff.
Hainkirche (Höhle) 8, 116
Hansgörgel, Großer 122 f.
Happurg 134 f.
Hardt 86 f.
Harnbachmühle 118 f.
Hartenfels 132 f.
Hartenstein 8, 25, 116 f.
Haselbrunn 60 f.
Hasenloch (Höhle) 62 f.
Heckenhof 50 f.
Heiligenstadt 72 f., 74 f.
Heiligensteg 62 f.
Heldmannsberg 136 f.
Henriciturm 42 f.
Herbstmühle 9, 30 f.
Heroldsmühle 23, 74 f.
Heroldstein 74 f.
Hersbruck 12, 14, 19, 120
Heuchling 130 f.
Hiltpoltstein 23, 99
Hirschbach 14, 126 f., 128 f.
Hirschbachtal 120, 124, 126 f., 28 f.
Hirtenberg 116
Hochstahl 50 f.

Hoffmannskapelle 62 f.
Hofstetten 136 f.
Högenbachtal 130 f.
Hohenglücksteig 126 f.
Hohenmirsberg 60 f.
Hohenmirsberger Platte 12, 60 f.
Hohenpölz 75
Hohenschwärz 90
Hohenstein 118 f.
Hohes Kreuz 52 f., 68 ff.
Hohler Fels 134 f.
Hollederberg 112
Hollenberg, Ruine 16, 62 f.
Hollfeld 14, 40 f., 42 f.
Houbirg 134 f.
Hubenberg 48 f.
Hubertuskapelle 60 f.
Hugoturm 50 f.
Hummerstein 68 ff.
Hundshaupten 88 f.
Hungenberg 56 ff.
Hunger 100 ff.

**I**gelsee 116 f.

**K**ainach 40 f., 42 f.
Kainachtal 40 f., 42 f.
Kaiserbachtal 40 f.
Kanndorf 76 f.
Kappel 98 f.
Kasberg 96 f.
Kersbach 122 f.
Kipfental 114
Kirchehrenbach 80 f.
Kirchthalmühle 136 f.
Klausberg 100 ff.
Klauskirche (Höhle) 104
Klaussteinkapelle 56 ff.
Kleinhül 42 f.
Kleinlesau 56 ff.
Kleinmeinfeld 116 f.
Kleinziegenfelder Tal 12, 18, 32 f., 34 f.

Klingental 36 f.
Klumpertal 64 f.
Kohlstein 56 ff.
Königstein 14 f.
Koppenburg 68 ff.
Kordigast, Großer 28 f.
Kötteler Grund 32 f.
Köttweinsdorf 46 f.
Krassach 30 f.
Krassachmühle 30 f.
Krassachtal 9, 30 f.
Kreuzstein 75
Krögelstein 40 f.
Krottensee 110 f.
Kübelstein 36 f.
Kuchenmühle 48 f.
Kühloch (Höhle) 124 f.
Külmitzberg 28 f.
Kupfertal 108 f.

**L**ange Leite 92
Lange Meile 21, 79
Langer Berg 104 ff.
Leidingshofer Tal 72 f.
Leienfels 94 f.
Leinleitertal 19, 23, 72 f., 74 f.
Lenzenberg 132 f.
Leutenbach 80
Leutzdorf 54 f.
Lichtenfels 12, 26 f.
Lillachtal 23, 98 f.
Lilling 98 f.
Lillingbrunnen 98 f.
Lockenricht 132 f.
Löhlitz 44 f.
Ludwag 37
Ludwigshöhle 56 ff.
Lungsdorf 13, 114 f.

**M**ariental 60 f.
Maximiliansgrotte 110 f., 112 f.
Mittelbergwand 2, 127
Mittelmühle 64 f.

Moritz 68 ff.
Mosenberg 32 f.
Mostviel 82 ff.
Muggendorf 13, 14, 16, 52 f., 66 f., 68
Mysteriengrotte 110 f.

**N**eideck, Ruine 66 f., 76 f.
Neidenstein 40 f.
Nestelgrund 112 f.
Neubürg 12, 44 f.
Neudorf 66 f.
Neuhaus an der Pegnitz 108 f., 110 f., 112 f., 114, 116, 124
Neukirchen b. Sulzbach-Rosenberg 132 f.
Neumühle 56 ff.
Neusig 44 f.
Neutras 130 f.
Niesten 30 f.
Norissteig 126 f.

**O**berailsfeld 56 ff.
Oberleinleitner 74 f.
Obertrubach 82 ff., 94 f.
Oberweilersbach 78 f.
Oberzaunsbach 82 ff.
Ossinger 124 f.
Osterhöhle 132 f.
Oswaldhöhle 12, 53 f., 68 ff.

**P**aradiestal 38 f.
Pegnitztal 12, 13, 19, 108, 110, 114 f., 116, 118, 120, 122
Peilstein 132 f.
Petershöhle 116 f.
Pfaffendorf 34 f.
Pfaffenhofen 108 f.
Pfaffenstein 68 ff.
Pilgersdorf 43
Pommelsbrunn 130 f., 134
Pottenstein 18, 23, 60 f., 62 f., 64
Prellstein 127

Pretzfeld   21, 82 ff.
Prüllsbirkig   60 f.
Püttlachtal   19, 56, 60, 62 ff., 64

**Q**uackenschloß   18, 23, 52 f., 68 ff.

**R**abeneck, Burg   46 f., 48
Rabenecker Mühle   46 f., 48
Rabenfels   113
Rabenstein, Burg   56 ff.
Reckenberg   134 f.
Reichelsmühle   85
Reichenschwand   122 f.
Reichental   128 f.
Reifenberg, Kapelle   78 f.
Reipertsgesee   104 ff.
Rennerfelsen   58
Retterner Kanzel   78 f.
Reuthof   100 ff.
Richard-Wagner-Fels   85
Riesenburg, Versturzhöhle   18, 52 f.
Riffler   120
Riglashof   124 f.
Röckenricht   132 f.
Röhrigkapelle   28 f.
Romansthal   26 f.
Rosenmüllerhöhle   66 f., 70
Rotenbühl   76 f.
Roter Fels   114
Rothenberg, Ruine   24, 122 f.
Rupprechtstegen   114 f., 118

**S**achsenmühle   54 f.
Sackdilling   112 f.
Sanspareil   13, 42 f.
Saugendorf   48 f.
Schafhof   44 f.
Schammendorf   32 f.
Schauertal   67
Scheckenfels   132 f.
Schederndorf   34 f.
Scheßlitz   13, 14, 36 f.
Schiessenstein   86 f.
Schlaifhausen   81
Schlangenfichte   128 f.
Schlieraukapelle   110 f.
Schmidtberg   104
Schnaittach   14
Schneiderkammer   58
Schöchleinsmühle   44 f.
Schönfeld   42 f.
Schönsteinhöhle   66 f.
Schossaritz   90 ff.
Schottenloch   136 f.
Schottermühle   85
Schulmühle   72 f.
Schüttersmühle   64 f.
Schwalbenloch (Höhle)   60
Schweinthal   86 f.
Schwingbogen   66 f.
Seidmar   88 f.
Seubersdorf   30 f.
Siegersdorf   122 f.
Siegritzberg   48 f.
Siegritzer Brunnen   73
Siglitzberg   118 f.
Signalstein   90 ff.
Sophienhöhle   56ff.
Soranger   94 f.
Sorg   90ff.
Spies   100 ff.
St. Moritz, Kapelle   88 f.
Stadelhofen   38 f.
Staffelberg   12, 26 f.
Staffelstein   26
Steinberg   124 f.
Steinerne Hochzeit, Ghs.   28 f.
Steinerne Stadt   110 f.
Steinfeld   19
Stempfermühle   54 f.
Stierberg   104 ff.
Störnhof   72 f.
Strahlenfels   104 ff.
Streitberg   13, 14, 18, 23, 66 f., 68 ff.

Teufelshöhle 23, 64 f.
Teufelstisch 96 f.
Thalheim 136
Theresienruh 58
Thuisbrunn 90 ff.
Trainmeusel 76 f.
Treuf 118 f.
Treunitz 38 f.
Trockental 74 f.
Trubachtal 12, 19, 82 ff., 86, 88, 90, 94
Tüchersfeld 56 ff.

Ühleinshof 86 f.
Unterailsfeld 18, 56 ff.
Untertrubach 82 ff.
Unterzaunsbach 82 ff., 86 f.
Urspringtal 83, 86 f.

Veilbronn 72 f.
Velden 114 f.
Veldenstein, Burg 108 f., 110
Viehhofen 109
Vierzehnheiligen 26 f.
Vogelherdgrotte 12, 110 f., 112 f.

Wacholdertal 42 f.
Waischenfeld 14, 44 f., 46, 52
Walberla 12, 21, 80 f.
Wannbach 84, 86 f.
Wedenbachklamm 23, 67
Weiden 32 f.

Weihersbachtal 64
Weihersmühle 32 f., 35
Weismain 30
Weiße Marter 46 f.
Weißenohe 23, 98 f.
Weißingkuppe 110 f., 112 f.
Werntal 72 f.
Wichsenstein 86 f.
Wiesentfels 40 f.
Wiesenthau 81
Wiesenttal 11, 12, 19, 20, 46 f., 48 f., 52 f., 54 f., 66, 68, 76
Wildenfels 104 ff.
Wildenhof 124 f.
Windloch 128 f.
Wohnsgehaig 44 f.
Wölfersdorf 98 f.
Wolfsberg 82 ff., 90 ff.
Wolfsdorf 26 f.
Wolfsschlucht 86 f.
Wonsees 42 f.
Wüstenstein 48 f.

Zankelstein 130 f., 134
Zantberg 124 f.
Zauppenberg 56 ff.
Zeubachtal 45
Ziegelmühle 85
Zoggendorf 74 f.
Zuckerhut 76 f.
Zultenberg 30f
Zwergenhöhle 16, 62f
Zwernitz, Burg 42f